中国医疗保险人才培养30年

回顾与展望

周绿林 陈羲 许兴龙 著

中国财经出版传媒集团
经济科学出版社
Economic Science Press

图书在版编目（CIP）数据

中国医疗保险人才培养 30 年：回顾与展望/周绿林，
陈羲，许兴龙著 . -- 北京：经济科学出版社，2022.9
ISBN 978 - 7 - 5218 - 4035 - 3

Ⅰ. ①中…　Ⅱ. ①周…　Ⅲ. ①医疗保险 - 人才培养 -
研究 - 中国　Ⅳ. ①F842. 613

中国版本图书馆 CIP 数据核字（2022）第 173061 号

责任编辑：胡成洁
责任校对：李　建
责任印制：范　艳

中国医疗保险人才培养 30 年：回顾与展望
周绿林　陈　羲　许兴龙　著
经济科学出版社出版、发行　新华书店经销
社址：北京市海淀区阜成路甲 28 号　邮编：100142
经管中心电话：010 - 88191335　发行部电话：010 - 88191522
网址：www. esp. com. cn
电子邮箱：expcxy@ 126. com
天猫网店：经济科学出版社旗舰店
网址：http://jjkxcbs. tmall. com
北京季蜂印刷有限公司印装
710×1000　16 开　16 印张　230000 字
2022 年 11 月第 1 版　2022 年 11 月第 1 次印刷
ISBN 978 - 7 - 5218 - 4035 - 3　定价：78. 00 元
（图书出现印装问题，本社负责调换。电话：010 - 88191510）
（版权所有　侵权必究　打击盗版　举报热线：010 - 88191661
QQ：2242791300　营销中心电话：010 - 88191537
电子邮箱：dbts@ esp. com. cn）

《中国医疗保险人才培养 30 年：回顾与展望》
编委会

序

　　2020 年 3 月，教育部发布《关于公布 2019 年度普通高等学校本科专业备案和审批结果的通知》，增设备案了医疗保险本科专业，由此，医疗保险人才培养工作步入新的历史阶段。实际上，医疗保险人才培养工作可以追溯至 1993 年。随着我国医疗保险试点工作的开展，以湖北医药学院、江苏大学、东南大学等高校为代表，率先开办医疗保险相关专业，开启了医疗保险人才培养的先河。截至 2022 年 6 月，全国共有 42 所高校开办医疗保险相关本科专业，已为我国医保部门、医院、保险企业等单位培养医疗保险人才近万人，实属难能可贵、可喜可贺！

　　《中国医疗保险人才培养 30 年：回顾与展望》一书写作历时两年，梳理了我国医疗保险人才的培养历程，面向全国 42 所开办医疗保险相关专业的高校和用人单位，对医疗保险相关专业发展现状开展了分区域、多层次、全景式的调查研究，系统总结归纳了医疗保险相关专业发展取得的成效和 30 年来医疗保险人才培养的主要经验，阐述了新时代医疗保险人才培养的意义，在此基础上，制定了医疗保险专业培养方案，这本身就是一个较大贡献。书中所提新时代医疗保险人才培养策略可圈可点，切实可行，能够为医保部门、高校和企事业单位深入开展人才培养工作提供理论支持。值得一提的是，该书全面呈现了 26 所高校医疗保险人才培养案例，生动诠释了不同高校医疗保险人才培养的特色优势和差异化特征，数据翔实、案例生动，并探究了下一步推进专业建设和改革的主要思路及举措，这为有关高校优化人才培养模式和专业培养方案、提升人才培养质量等提供了理论基础和实践经验。

"培养什么人、怎样培养人、为谁培养人"是新时期我国高等教育工作者必须作答的时代命题。在全面实施健康中国战略和基本医疗保险全民覆盖的现实背景下，高素质、专业化的医疗保险人才培养工作迫在眉睫。令人欣喜的是，以周绿林教授为代表的医疗保险教育工作者们近 30 年来筚路蓝缕，发起成立中国医疗保险教育论坛，组织开展医疗保险专业青年教师教学能力大赛，策划编写两轮全国医疗保险专业规划教材；他们薪火相传，组织医疗保险专业主题征文大赛，设立医疗保险专业发展基金，积极探寻医疗保险人才培养之道，为我国医疗保险事业顺利发展做出积极贡献。目前，已有江苏大学等多所高校的医疗保险相关专业成为国家级一流本科专业建设点。在国家医疗保障局推动建立的"大医保"格局风向标下，在医疗保险教育工作者的探索实践过程中，在医疗保险学子投身祖国医疗保险事业的浪潮中，我们有理由相信，未来中国医疗保险人才必将勇立潮头，中国医疗保险教育必将不辱使命，中国医疗保险事业发展必将蒸蒸日上。

李珍（中国人民大学）

2022 年 8 月

前　言

1993 年，党的十四届三中全会通过了《关于建立社会主义市场经济体制若干问题的决定》，提出要在我国建立社会统筹医疗基金和个人医疗账户相结合的社会医疗保险制度。1994 年，国务院确定江苏省镇江市和江西省九江市作为社会医疗保险制度改革的试点城市（俗称"两江"医改试点）。经过近 30 多年探索，特别是"十三五"期间的改革与实践，我国已建起了世界上规模最大的基本医疗保障体系。截至 2021 年底，全国基本医疗保险参保人数 13.6 亿人，参保率稳定在 95% 以上。

与我国医疗保障制度改革同步，1993 年以来，一些高校相继开始了医疗保险人才培养，迄今已有近 30 年办学历程，截至 2022 年 6 月，全国共有 42 所高校设置了医疗保险相关本科专业。2020 年 3 月，教育部发布《关于公布 2019 年度普通高等学校本科专业备案和审批结果的通知》，增设备案医疗保险本科专业，随后，一批高校相继申请并获批设立医疗保险本科专业。医疗保险本科专业的独立设置意义深远，为推进我国医疗保险事业发展和医疗保险人才培养提供了政策保障。

正如习近平总书记所强调：为谁培养人、培养什么人、怎样培养人始终是教育的根本问题。作为国家治理体系和治理能力现代化建设的重要领域，医疗保障制度改革与发展迫切需要加强高素质专业化人才培养。随着医改的深入，特别是 2018 年国家医疗保障局成立以来，推动建立的"大医保"格局对医疗保障专业人才培养提出了系统性、专业性、时代性的全新要求。

2019 年 8 月，国家医疗保障局与首都医科大学合作成立国家医疗保障研究院，每年面向全国从事医疗保障研究的相关单位招标开放性课题，开展专项研究。2020年江苏大学医疗保障制度改革研究团队申报的课题"医疗保障专业设置和培养模式研究"获批立项重点项目。课题组历时2年，在充分调研的基础上，顺利完成了课题研究任务，并向国家医疗保障研究院提交了10余万字研究报告。本书是上述研究的凝炼与补充。

目前，我国医疗保险人才培养存在着专业设置不明确、培养模式不稳定、课程体系不合理、核心课程设置不统一等问题，严重制约人才培养质量。因此，顺应新时代我国医药卫生体制改革的现实需求，全面梳理医疗保险专业建设中的问题，建立统一规范的医疗保险专业设置方案，创新医疗保险专业培养模式，已经成为医疗保障制度改革、学科发展、专业建设全局亟待解决的关键性问题。

围绕上述研究结果和结论，本书系统梳理了医疗保险专业发展现状，总结30年来医疗保险人才培养经验，并从社会需求、学科发展、行业特色等方面，进一步分析新时代医疗保险专业设置的必要性和意义，明确新时代医疗保险人才培养方案，进而系统地构建适应医疗保障制度改革与发展的新时代中国特色医疗保险专业培养模式。

在课题研究和本书写作过程中，得到了国家医疗保障研究院领导和专家的悉心指导，33所高校的相关专业负责人、236名医疗保险相关专业教师、410名医疗保障相关单位人员参与了调查问卷，26所高校提供了医疗保险人才培养案例，江苏大学医疗保险系的老师和研究生们给予了很多支持。著名社会保障专家、中国人民大学李珍教授欣然为本书作序并提出高屋建瓴的意见和建议。在此，对给予帮助的各位领导、专家和同学表示诚挚感谢。限于时间和水平，书中不当和错谬之处在所难免，诚望同道们批评指正。

路漫漫其修远今，我国医疗保障事业和医疗保险人才培养走过30年路程，还面临许多新问题和新挑战。面向未来，任重道远，唯有不忘初心、上下求索，方得始终。

谨以此书向党的二十大献礼！

周绿林　陈　羲　许兴龙
2022年7月

目　录

第一章
我国医疗保险人才
培养历程

第一节　我国医疗保险人才培养的缘起

1993 年党的十四届三中全会通过《关于建立社会主义市场经济体制若干问题的决定》，指出要在我国建立社会统筹医疗基金和个人医疗账户相结合的社会医疗保险制度。1994 年国务院正式确定江苏省镇江市和江西省九江市作为改革的试点城市（俗称"两江"医改试点），并于 1994 年 12 月底开始实施试点方案。在总结广泛试点经验的基础上，1998 年 12 月，国务院召开了"全国医疗保险制度改革会议"，颁发了《国务院关于建立城镇职工基本医疗保险制度的决定》，提出在全国范围内进行城镇职工医疗保险制度改革。2003 年 1 月，国务院办公厅转发卫生部等部门《关于建立新型农村合作医疗制度的意见》，提出在广大农村地区建立新型农村合作医疗制度。2007 年 7 月，国务院发布了《关于开展城镇居民基本医疗保险试点的指导意见》，提出开展城镇居民基本医疗保险改革试点。2016 年 1 月，国务院印发《关于整合城乡居民基本医疗保险制度的意见》，自此，城乡分割的居民医疗保险逐渐走向统一。经过近 30 年的探索，特别是"十三五"期间的改革与发展，我国已建起了世界上规模最大的医疗保障体系。截至 2021 年底，全国基本医保参保人数 13.6 亿人，参保率稳定在 95% 以上。

作为国家治理体系和治理能力现代化建设的重要领域，医疗保障制度改革与发展迫切需要加强高素质专业化人才培养。1997 年，《中共中央、国务院关于卫生改革与发展的决定》就已经提出，"高度重视卫生管理人才的培养，造就一批适应卫生事业发展的职业化管理队伍。"2012 年发布的《社会保障"十二五"规划纲要》也指出，"利用现有资源特别是各级各类学校及其他教育机构，打造一批合格的人才教育培训基地，建立国家级高级管理和专业人才培训基地。"随着医改的深入，特别是 2018 年国家医疗保障局成立以来，推动建立的"大医保"格局对医疗保障专业人才培养提出了系统性、专业性、时代性的全新要求。2020 年《中共中央、国务院关于深化医疗保障制度改革的意见》提出要"打造与新时代医疗保障公共服务要求相适应的专业队伍。"2021 年制定的《"十四五"全民医疗保障规划》也明确将"加强医疗保障人才队伍建设，培养高素质专业化人才，鼓励高等院校、科研院所等与医疗保障部门开展合作，加强智库建设和人才支撑"作为规划实施的重要保障。这些文件精神为新时代医疗保险人才培养目标指明了发展方向。

第二节　我国医疗保险相关专业的建设历程

与我国医疗保障制度改革相同步，1993 年以来，一些高校相继开始了医疗保险人才培养，迄今已有近 30 年办学历程。

2022 年，全国有 42 所高校设置了医疗保险相关本科专业。其中，湖北医药学院、江苏大学、东南大学、安徽医科大学、南京医科大学康达学院 5 所高校于 20 世纪 90 年代就开始探索开办医疗保险相关专业。

2020 年 3 月，教育部发布《关于公布 2019 年度普通高等学校本科专业备案和审批结果的通知》，增设备案医疗保险本科专业。随后，锦州医科大学、华北理工大学、南京医科大学、山东第一医科大学、湖北经济学院、广西医科大学、甘肃中医药大学、广东医科大学、贵州中医药大学等 13 所高校相继获批设立医疗保险本科专业。医疗保险本科专业的独立设置意义深远。

在发展中，由于各高校的学科基础和办学条件各不相同，因此在专业方向设置、院系设置及研究方向等方面都存在一定的差异。多数高校所开设的医疗保险相关专业所属的一级学科是公共管理，其专业大部分设置在社会医学与卫生事业管理、社会保障等二级学科之下。也有部分高校所开设的医疗保险专业所属的一级学科为应用经济学，二级学科为保险学。在院系设置方面，多数高校的医疗保险相关专业设置于管理学院之下，也有部分将其设置于公共卫生学院之下。

根据《教育部办公厅关于实施一流本科专业建设"双万计划"的通知》，2019～2021 年全国将建设 10000 个左右国家级一流本科专业点和 10000 个左右省级一流本科专业点。作为医疗保险专业人才培养的重要成果，已有江苏大学等多所院校的医疗保险相关专业成为国家级或省级一流本科专业建设点。

与此同时，一些高校开始在社会医学与卫生事业管理等相关学科中招收医疗保险方向研究生，培养高层次医疗保险人才。

第三节　中国医疗保险教育论坛的建立与发展

为促进全国医疗保险人才培养高质量发展，2016 年，江苏大学发起成立了中国医疗保险教育论坛和论坛理事会（筹）。论坛的主要职能是促进医疗保险专业、学科的教育教学改革，提高专业教育质量，组织编写医疗保险专业主干课程教材，协助制订医疗保险专业教育评估标准及相关指导性教学文件，组织国内外高校相关专业开展教学与学术交流。2021 年 6 月在江苏大学正式成立了中国医疗保险教育论坛理事会，论坛理事会由全国 42 个培养医疗保险人才的高校组成。

自创立以来，中国医疗保险教育论坛理事会主要围绕以下几方面开展工作，持续促进医疗保险专业人才培养。

一是组织论坛年会。自 2016 年起至今，中国医疗保险教育论坛已成功举办 6 次。第一至第六届中国医疗保险教育论坛分别由皖南医学院、安徽医科大学、广东医科大学、内蒙古医科大学、江西中医药大学、南方医科大学承办。论坛围绕医疗保险理论研究和专业教育实践，坚持学术与教学并重，极大地促进了开办医疗保险相关专业的各高校与医保、卫生等实践管理部门的深入交流，不断凝聚新时代医疗保险人才培养的合作共识。

二是开展以青年教师教学能力大赛为代表的系列教研活动。在论坛年会举办期间，由成员单位选送优秀青年教师，围绕医疗保险教学实践开展的教学能力大赛，既是加强以青年教师为主的医疗保险专业师资队伍能力建设的重要载体，也是有助于持续改善医疗保险专业教育质量的长效机制。

三是讨论确定医疗保险专业课程体系。2014 年 5 月 9 日在江苏大学召开医疗保险专业课程体系研讨会，各校专业负责人参会，通过讨论，确定了 12 门专业核心课程：社会保险学、卫生经济学、医疗保险学、医疗保险统计学、医疗保险基金管理、医疗保险支付方式、医疗保险国际比较、健康保险、健康保险营销学、健康保险市场调查与预测、健康保险核保与理赔、健康保险法律制度。

四是认真组织编写全国医疗保险专业规划教材。在明确课程体系的基础上，组建"全国高等学校医疗保险专业第一轮规划教材编写委员会"，进行 12 本教材的编写，2016 年由科学出版社出版。教材出版后深受师生好评。在第一版的基础上，2020 年又开始了第二轮系列教材的编写，计划于 2022 年出版。

第二章
医疗保险相关专业发展及人才培养现状

第一节　调查组织与实施

本书立足我国医疗保险专业发展现状，主要采用文献归纳法、问卷调查法、专家咨询法、逻辑演绎法等方法，面向全国 42 所开办医疗保险相关专业的高校和相关企事业单位，开展了分区域、多层次、全景式调查研究，具体包括以下研究。

一、医疗保险专业发展现状调查研究

2020 年 6 月，课题组在文献研究、专家咨询的基础上，聚焦医疗保险专业发展现状，设计形成《医疗保险相关专业负责人调查问卷》（见本书附录 1），面向全国开办医疗保险相关专业的有关高校，邀请各高校专业负责人填写调查问卷，并围绕医疗保险专业办学基本情况、发展成效、存在问题等方面进行结果分析。

二、医疗保险专业人才社会需求调查研究

2021 年 8 月，课题组结合本课题中期汇报成果中的专家意见，

聚焦医疗保险专业人才社会需求视角，进一步优化完善研究设计方案，通过文献研究、专家咨询等方法，以医疗保险专业从业人员为研究对象，设计形成《医疗保险专业人才培养及社会需求调查研究问卷》（见本书附录 2）。接着，课题组借助中国医疗保险教育论坛微信群平台，邀请全国医疗保险相关专业教师协助发放问卷，通过"问卷星"进行发放与后期数据资料整理收集，围绕医疗保险专业人才的社会需求等结果进行分析。

三、医疗保险专业负责人访谈

课题研究期间，课题组通过实地走访或组织座谈交流会形式，邀请了北京大学、清华大学、复旦大学、南京大学、东南大学、西安交通大学、华中科技大学、武汉大学、首都医科大学、安徽医科大学、南京医科大学、南方医科大学、徐州医科大学、华北理工大学、山东第一医科大学、江西中医药大学、皖南医学院、广东医科大学、广西医科大学、海南医学院等多所高校专业负责人就"医疗保险专业设置和培养模式"相关问题开展学术研讨，经课题组后期整理，为课题研究提供了丰富且翔实的理论资料。

第二节　医疗保险相关专业发展现状

一、专业发展现状

截至 2022 年 8 月，全国范围内开设并招生的医疗保险相关专业高校共计 42 所。其中，江苏大学、东南大学为综合类高校，华北理工为理工类高校，湖北经济学院为财经类高校，其他 38 所高校均为医科类高校（见表 2 - 1）。

表 2 - 1 医疗保险相关专业开办情况

序号	高校名称	专业名称	开办年份
1	湖北医药学院	公共事业管理（医疗保险）	1993
2	江苏大学	公共事业管理（医疗保险）	1995
3	东南大学	劳动与社会保障	1995
4	安徽医科大学	劳动与社会保障（医疗保险）	1997
5	南京医科大学康达学院	公共事业管理（医疗保险）	1999
		医疗保险	2020
6	华北理工大学	公共事业管理（医疗保险）	2000
		劳动与社会保障	2003
		医疗保险	2020
7	成都中医药大学	公共事业管理（医疗保险）	2001
8	锦州医科大学	公共事业管理（医疗保险）	2001
		医疗保险	2019
9	昆明医科大学	劳动与社会保障	2002
10	牡丹江医学院	公共事业管理	2003
11	贵州中医药大学	劳动与社会保障	2003
		医疗保险	2021
12	江西中医药大学	保险学	2003
13	潍坊医学院	劳动与社会保障	2003
14	天津中医药大学	劳动与社会保障	2004
15	海南医学院	劳动与社会保障	2005
16	广东医科大学	劳动与社会保障	2005
		医疗保险	2021
17	陕西中医药大学	公共事业管理	2005
18	南方医科大学	卫生经济与医疗保险	2006
		公共事业管理（医疗保险）	2020
19	滨州医学院	劳动与社会保障	2008

序号	高校名称	专业名称	开办年份
20	右江民族医学院	公共事业管理（医疗保险）	2008
		劳动与社会保障（医疗保险）	2018
21	温州医科大学	劳动与社会保障	2008
22	广东药科大学	保险学	2010
23	广西医科大学	公共事业管理（社会医疗保障）	2010
		医疗保险	2020
24	中国医科大学	公共事业管理	2012
25	济宁医学院	市场营销（保险营销）	2012
26	安徽中医药大学	保险学	2013
27	广州中医药大学	保险学	2013
28	内蒙古医科大学	劳动与社会保障	2013
29	皖南医学院	保险学	2013
30	西南医科大学	劳动与社会保障	2013
31	南京中医药大学翰林学院	公共事业管理（医疗保险）	2013
32	南京中医药大学	劳动与社会保障	2015
33	湖北中医药大学	保险学	2016
34	湖北经济学院	劳动与社会保障（医疗保险）	2017
		医疗保险	2020
35	桂林医学院	劳动与社会保障	2018
36	南京医科大学	劳动与社会保障	2018
		医疗保险	2020
37	山东第一医科大学	劳动与社会保障（医疗保障）	2020
		医疗保险	2020
38	山东中医药大学	劳动与社会保障	2020
39	甘肃中医药大学	医疗保险	2020
40	新疆科技学院	医疗保险	2021

续表

序号	高校名称	专业名称	开办年份
41	长沙医学院	医疗保险	2021
42	齐鲁医药学院	医疗保险	2021

二、专业所在地区分布

按高校所在省份划分，江苏有 6 所高校开设医疗保险相关专业，山东有 6 所高校开设医疗保险相关专业，广东有 4 所高校开设医疗保险相关专业，湖北、广西、安徽各有 3 所高校开设医疗保险相关专业，辽宁、四川各有 2 所高校开设医疗保险相关专业，天津、内蒙古、云南、江西、河北、浙江、甘肃、贵州、陕西、海南、黑龙江、新疆、湖南等各有 1 所高校开设医疗保险相关专业，由此可知专业所在高校地区大多分布于东部省份和中部省份，西部省份较少。

三、专业名称与学位授予类别

在专业名称方面，除锦州医科大学、华北理工大学、南京医科大学、南京医科大学康达学院、山东第一医科大学、湖北经济学院、广西医科大学、甘肃中医药大学、广东医科大学、贵州中医药大学、新疆科技学院、长沙医学院、齐鲁医药学院等 13 所高校专业名称为"医疗保险"之外，16 所高校专业名称为"劳动与社会保障"或"劳动与社会保障（医疗保险）"，有 11 所高校专业名称为"公共事业管理"或"公共事业管理（医疗保险）"，济宁医学院专业名称为"市场营销（保险营销方向）"，以上高校学生毕业后均授予管理学学士学位。其余 6 所高校，包括江西中医药大学、湖北中医药大学、广东药科大学、广州中医药大学、安徽中医药大学、皖南医学院的专业名称为"保险学"，学生毕业后授予"经济学"学士学位（见图 2 - 1）。

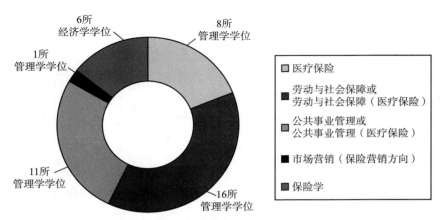

图 2-1 我国高校医疗保险专业名称及毕业生学位类别

四、专业所在学院

目前，42 所高校中 86% 医疗保险相关专业设置在管理类学院，如管理学院、卫生管理学院、人文与管理学院、卫生经济管理学院、财政与公共管理学院、经贸与管理学院、医政学院等。5 所高校医疗保险专业设置在公共卫生类学院，占比为 12%。如，湖北医药学院公共事业管理（医疗保险）专业设置在公共卫生与健康学院，东南大学劳动与社会保障专业、中国医科大学公共事业管理专业设置在公共卫生学院，滨州医学院劳动与社会保障专业、广州中医药大学保险学专业设置在公共卫生与管理学院。山东第一医科大学劳动与社会保障专业（医疗保障）专业则设置在医疗保障学院，占比为 2%（见图 2-2）。

五、专业师资人数

42 所高校中医疗保险相关专业教师共有 454 人，其中教授 82 人，副教授 158 人，讲师 214 人（见图 2-3）。

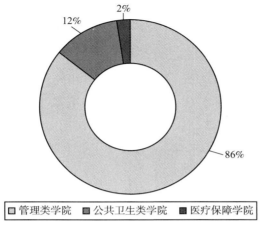

图 2－2　医疗保险专业所在学院类别

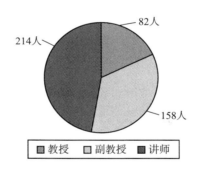

图 2－3　医疗保险相关专业师资情况

六、实验实践安排

在实验教学方面，绝大多数高校都设有教学实验室，实验内容主要包括保险经营管理实训、社会保险综合模拟软件、社会保障翻转课堂、保险精算智能实训考评软件、社保五险合一实训平台、医疗保险运行系统等一系列专业教学软件。此外，部分高校还设立了教学实验室，如，江苏大学医疗保险实验室、桂林医科大学公共管理综合实验室（SPSS）和中国医科大学公共卫生实验中心（SPSS、AMOS、EPIDATA）等。

在学分安排方面，各高校相差较大，江西中医药大学、湖北经济学院、江苏大学、安徽医科大学、山东第一医科大学实习学分均超过40，其他高校则在40学分以内。

在实习时间要求方面，各高校也不尽相同，如，江西中医药大学、牡丹江医学院为本专业学生安排了1年实习时间，在所有高校中，实习时间最长。滨州医学院、成都中医药大学、广东医科大学、山东第一医科大学则为本专业学生安排了1学期或半年实习时间，其余高校实习时间均在20周以内。

在本科生实习单位方面，根据词频统计结果，"医院"出现31次，"医保局"出现19次，"保险公司"出现16次，"卫健委"出现4次，"人社局"出现3次，以及其他与上述词条相关的词条。由此可知，医疗机构、医保局和保险公司为医疗保险专业本科生实习的主要单位（见图2-4）。

图2-4 本科生实习单位词频统计

第三节　医疗保险人才培养现状

一、招生规模与生源质量

1. 招生规模

2018～2020 年，我国 42 所高校共招收医疗保险相关专业本科生 6390 人，其中，2018 年、2019 年、2020 年分别招收 2237 人、2027 人和 2126 人，东部省份、中部省份、西部省份分别招收 3115 人、1419 人和 1856 人。

通过对各个高校的招生年数与近 3 年的平均年招生人数进行统计，粗略计算出 30 年来，我国 42 所高校截至 2020 年招收医疗保险相关专业本科生数量为 3 万人左右（见表 2 - 2），计算公式如下：

设 X 为高校招生人数，则 X = 年平均招生人数 × 招生年数至今招收医疗保险相关专业本科生数量为

$$\sum_{t=1}^{42} X_t = X_1 + X_3 + X_4 + X_5 + X_6 + \cdots + X_{42}$$

表 2 - 2　　　我国医疗保险专业本科生招生人数统计　　　单位：人

年份	东部省份	中部省份	西部省份	合计
2018	1173	436	628	2237
2019	1008	475	544	2027
2020	934	508	684	2126
合计	3115	1419	1856	6390

　　总体而言，42 所高校医疗保险专业招生人数普遍较少，22 所高校 2018～2020 年年均招生人数少于 50 人。仅广西医科大学、贵州中医药大学、济宁医学院 3 所高校年均招生量在 100 人以上，其中，贵州中医药大学 2018 年招生 180 人，2019 年和 2020 年分别招生 84 人和 80 人。一些学校 2018～2020 年年均招生人数均在 50～84 人，如，昆明医科大学（年均 84 人）、广东医科大学（年均 78 人）、牡丹江医学院（年均 70 人）、江西中医药大学（年均 70 人）、华北理工大学（年均 70 人）、成都中医药大学（年均 68 人）、皖南医学院（年均 60 人）、海南医学院（年均 60 人）、潍坊医学院（年均 53 人）、安徽中医药大学（年均 53 人）、天津中医药大学（年均 50 人）和湖北中医药大学（年均 50 人）、安徽医科大学（年均 50 人）（见图 2－5）。

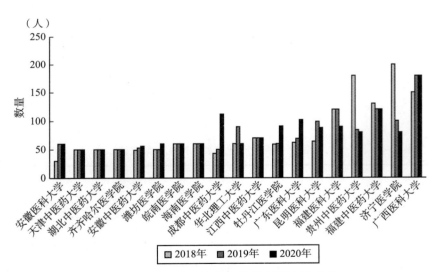

图 2－5　2018～2020 年年均招生超过 50 人的

19 所高校医疗保险专业招生规模

2. 生源质量

42 所高校中，山东第一医科大学、山东中医药大学、广东药科大学、中国医科大学、右江民族医学院、皖南医学院、牡丹江医学院、昆明医科大学 8 所高校为省内招生，安徽医科大学、西南医科大学 2 所高校生源以省内为主，其余 32 所高校均在全国范围内招生。

生源批次方面，江苏大学、广州中医药大学、南京医科大学、南京中医药大学、中国医科大学、东南大学、陕西中医药大学、南方医科大学、安徽医科大学、华北理工大学共 10 所高校为本一批次招生，安徽中医药大学、济宁医学院本一本二批次均有，其余 28 所高校为本二批次招生。

招生要求方面，锦州医科大学、陕西中医药大学、南京中医药大学翰林学院、牡丹江医学院、昆明医科大学 5 所高校为文科招生，中国医科大学、内蒙古医科大学、江西中医药大学 3 所高校为理科招生，其余 33 所高校为文理科兼招。

在考生志愿率方面，第一志愿选择医疗保险专业占比超过半数的仅有 10 所高校，其中，温州医科大学第一志愿率占 100%、锦州医学院第一志愿率占 90%，广西医科大学第一志愿率占 80%，湖北医药学院第一志愿率占 72%，潍坊医学院第一志愿率占 72%，贵州中医药大学第一志愿率占 70%、牡丹江医学院第一志愿率占 68%、南京中医药大学翰林学院第一志愿率占 60%（见图 2 - 6）。

二、毕业生人数与就业率

1. 毕业生人数

2018 ~ 2020 年，我国合计培养医疗保险专业本科毕业生 6091 人。其中，2018 年、2019 年、2020 年本科毕业生人数分别为 1903 人、2164 人和 2024 人，东部省份、中部省份、西部省份本科毕业生人数分别为 4017 人、1109 人和 965 人（见表 2 - 3）。

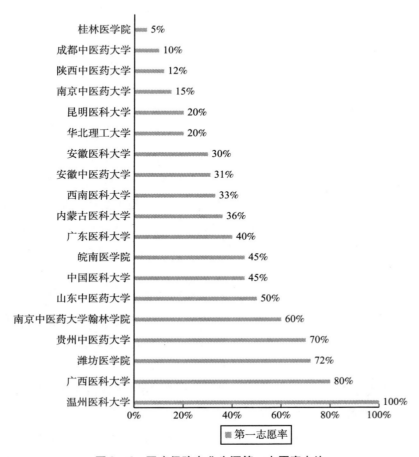

图 2-6　医疗保险专业生源第一志愿率占比

注：部分高校未提供考生志愿率数据。

表 2-3　　　　　　我国医疗保险专业本科毕业人数统计　　　　　　单位：人

年份	东部省份	中部省份	西部省份	合计
2018	1269	309	325	1903
2019	1492	360	312	2164
2020	1256	440	328	2024
合计	4017	1109	965	6091

通过对各个高校的毕业年限与 2018~2020 年的平均年毕业人数进行统计，粗略计算出，1993 年以来，本书调查的 42 所高校医疗保险相关专业本科生毕业数量之和为 2.2 万人左右，计算公式如下：

设 Y 为高校毕业人数，则 Y = 年平均毕业人数 ×（招生年数 − 4），至今医疗保险相关专业本科生毕业数量为

$$\sum_{t=1}^{42} Y_t = Y_1 + Y_3 + Y_4 + Y_5 + Y_6 + \cdots + Y_{42}$$

具体来看，2018~2020 年本科生培养人数较多的高校分别是广东医科大学（412 人）、潍坊医学院（299 人）、济宁医学院（298 人）、昆明医科大学（288 人）、广东药科大学（287 人）、广西医科大学（215 人）、滨州医学院（203 人）等 9 所高校培养本科毕业生均超过 200 人。

2018~2020 年，贵州中医药大学（197 人）、江西中医药大学（190 人）、华北理工大学（180 人）、安徽中医药大学（174 人）、海南医学院（171 人）、皖南医学院（169 人）、天津中医药大学（155 人）、成都中医药大学（145 人）、安徽医科大学（138 人）、南京中医药大学翰林学院（127 人）、内蒙古医科大学（119 人）、陕西中医药大学（112 人）、牡丹江医学院（111 人）、右江民族医学院（111 人）、广州中医药大学（106 人）、湖北经济学院（101 人）共 16 所高校培养本科毕业生人数均在 100~200 人。其余 17 所高校 2018~2020 年培养本科毕业生人数均在 100 人以内（见图 2-7）。

2. 毕业生就业率

纵观 2018~2020 年全国 42 所高校医疗保险专业本科毕业生平均就业率，其中，就业率最低的也在 65% 以上，多数高校本科毕业生就业率在 90% 以上（见图 2-8）。

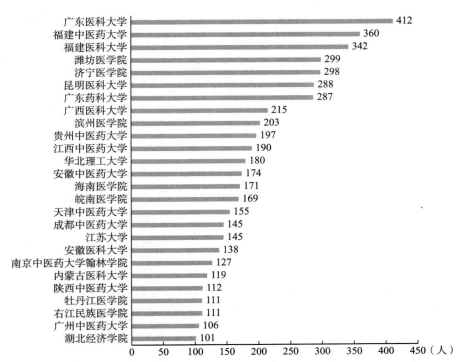

图 2-7　2018~2020 年我国培养医疗保险专业本科毕业生数量＞100 人的高校

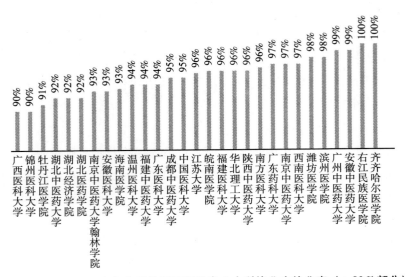

图 2-8　2018~2020 年各高校医疗保险专业本科毕业生就业率（＞90％部分）

三、毕业生就业去向

除少数高校未有本科毕业生外，课题组调研了其他 37 所高校本科毕业生就业的第一、第二、第三去向，根据词频统计，发现"医院"出现次数最多，为 24 次，"企业"出现 22 次，"保险公司"出现 19 次，"公务员"出现 7 次，"考研或升学"出现 11 次，其他选项均为相关关键词。由此可知，医院、企业、保险公司、公务员、考研升学是医疗保险专业本科毕业生就业的主要去向（见图 2-9）。

图 2-9　毕业生就业去向词频统计

需要说明的是，由于课题组在问卷调查中对于"毕业生就业去向"这一题项采取了开放式填空，故在搜集和整理数据时，存在着一定的划分问题，如商业保险公司属于企业，公立医疗机构也属于事业单位等，各高校毕业生详细就业去向见表 2-4。

表 2 – 4　　　　　　　　我国高校医疗保险专业毕业生就业去向

毕业院校	就业第一去向	就业第二去向	就业第三去向
湖北医药学院	保险公司	其他行业公司	社保经办领域
东南大学	企业	读研	事业单位
江苏大学	保险公司	医院	医药公司
安徽医科大学	医院	保险公司	健康管理公司
华北理工大学	保险公司	社保机构	医院
成都中医药大学	保险公司	医院	考研
昆明医科大学	企业	西部计划	升学
江西中医药大学	企业	升学	公务员
潍坊医学院	医院	企业	政府部门
天津中医药大学	保险公司	医药企业	行政单位
广东医科大学	保险公司	考研	其他
陕西中医药大学	保险公司	医院	公务员
滨州医学院	保险公司	医院	企业
广西医科大学	考研	企业	出国
安徽中医药大学	企业	医药公司	教育培训机构
广州中医药大学	保险公司	医院	行政事业单位
皖南医学院	医院	企业	考研
西南医科大学	企业	医院	公务员
南京中医药大学翰林学院	保险公司	医院	政府部门
南京中医药大学	企业	机关事业单位	考研
湖北中医药大学	保险公司	医院	企业
湖北经济学院	考研	事业单位	企业
桂林医学院	保险公司	医院	其他
海南医学院	银行	医院	保险公司
锦州医科大学	企业	升学	—
山东第一医科大学	医院	保险公司	企业
甘肃中医药大学	医院	保险机构	企业
南方医科大学	企业	保险公司	医院

毕业院校	就业第一去向	就业第二去向	就业第三去向
南京医科大学	保险公司	医院	企业
温州医科大学	企业	医院	公务员
广东药科大学	企业	医院	公务员
右江民族医学院	医院	保险公司	行政机关
牡丹江医学院	企业	选调生、公务员	医院

注：根据各高校提供的数据整理。

四、研究生培养数量

以"医疗保障"为关键词，在中国知网（CHKI）以"学位论文"为检索范围进行筛选，结果显示，自 2000 年以来，共有 2326 位研究生以"医疗保障"为题名撰写硕士、博士论文。其中，2018 年收录 173 篇，2019 年收录 187 篇，2020 年收录 213 篇。主要涵盖清华大学、北京大学、复旦大学、上海交通大学、同济大学、浙江大学、武汉大学、华中科技大学、山东大学、四川大学、厦门大学、大连理工大学、江苏大学、东南大学、安徽医科大学、南京医科大学、中国医科大学、南方医科大学、温州医科大学、南京中医药大学、海南医学院、成都中医药大学、湖北医药学院等多所高校的毕业研究生。

由于公共管理学科中尚未独立设置"医疗保障"二级学科，这 2326 位研究生可视同为 30 年来我国培养的医疗保障研究生。

第四节　存在的主要问题

一、医疗保险专业社会影响力不够

自 20 世纪 90 年代医疗保险相关专业开办以来，经过 30 年发展，医疗保险相关专业无论在教学规模、人才培养质量、师资队伍建设、社会贡献等方面均取得了一定成就。然而，拥有 30 年发展历史的专业依然相对新兴，加上专业名称不一致，因而不被社会所熟知和理解。例如，研究通过对 42 所高校生源情况调研得知，医疗保险专业本科生第一志愿选择医疗保险专业占比超过半数的仅有 10 所高校，占比小于等于 20% 的高校有 12 所，甚至有 5 所高校第一志愿率低于 10%，多数学生为专业调剂生。此外，也存在着学生家长对医疗保险专业了解程度不够情况，42 所开办医疗保险相关专业的高校中，有 38 所属于医科类高校，多数家长为考生填报医学院校志愿时，更加倾向于子女能够学习临床类专业，而对医疗保险专业认知不足。

二、医疗保险专业名称不一致

专业名称是根据社会分工要求及社会职业所分成的学业门类，是在社会分工发展和社会职业的基础上而产生的。从这个意义上来说，也可以认为社会上的一般职业，应该有相应的专业与之对应。但是，社会职业发展是动态的，而高校专业设置则相对滞后，因此专业名称虽然源于社会职业，但往往并不完全与社会职业对应和统一。就医疗保险专业而言，伴随"两江"医改试点的起步，医疗保险专业逐步进入高校专业建设，但仅仅是作为专业方向，截至 2021 年，我国开办医疗保险相关专业的 42 所高校中，所设专业名称大多不一致，这在一定程度上制约了医疗保险专业的社会影响力、培养模式和专业发展前景。2020 年 3 月，教育部发布《关于公布 2019 年度普通高等学校本科专业备案和审批结果的通知》，增设备案医疗保险本科专业。随后，锦州医科大学等 13 所高校相继开办医疗保险本科专业，这为全国统一医疗保险相关专业名称提供了政策支持和保障。

三、毕业生对口就业程度不高

在本书对医疗保障相关单位 410 名从业人员调查中，有 261 人指出其所在单位的大部分员工或几乎所有员工专业背景均与医疗保险相关专业无关，这无疑反映出我国医疗保险相关专业毕业生的对口就业程度偏低。有专业负责人指出，目前医疗保险相关专业毕业生通过正常应聘等途径，进入社会医疗保险管理机构的概率微乎其微，其中一个重要原因是职位供应数量有限，且进入社会医疗保险管理机构工作往往需要通过国家公务员考试，而医疗保险相关专业设立时间不算久，且社会认知程度及人才培养规模仍然不足，因此这也导致了毕业生的对口就业程度不高现象。此外，学校在强调专业教育上水平和质量的同时，往往忽略了对专业的社会宣传，忽视了专业与社会的联系，使得社会对医疗保险相关专业缺乏深入了解，对医疗保险相关专业毕业生的专业水平信心不足或持怀疑态度，因此，医院、社保经办机构更愿意吸收那些临床专业毕业的大学生，使得医疗保险相关专业毕业生难以涉足本专业相关工作。

四、专业培养模式欠规范

培养模式本质上决定了专业人才根本特征，集中体现了高等教育思想与观念，在人才培养的框架体系中，"培养模式为专业建设第一层次，决定课程体系、教学内容、教学方法、教学组织和管理、教学手段、教学评价等方面的指导思想和改革方向，具有先决和导向作用。"[1] 当前，随着中国各层次医疗保障体系的建立，医疗保险人才的需求也呈现出复合型、职业化与专业性格局。医疗保险相关专业应始终坚持国家政策方针的根本方向为和复合型人才培养模式的根本立足点。目前，国内多数高校对医疗保险相关专业的基本定位主要集中于为社会保险机构和卫生机构领域，从事医疗保险相关工作的人才培养目标，这符合国家战略方向，但研究发现，目前大多数医疗保险相关专业本科毕业生选择到商业健康保险公司就业，而现有

---

[1]　徐义海、张彩萍、张文玲. 高校医疗保险专业实践教学体系构建研究［J］. 右江民族医学院学报，2015，37（04）：645－646，648.

专业培养模式缺乏对商业健康保险市场的重视，商业健康领域人才需求的重要性在培养模式上尚未得到实质性的体现，这与专业人才培养方向存在出入。因此，医疗保险专业需要进行重新定位，并完善已有的培养模式。

第三章
医疗保险人才培养的
成效和经验

第一节　主　要　成　效

一、为我国医疗保障事业输送了大量急需人才

自 20 世纪 90 年代湖北医药学院、江苏大学、东南大学、安徽医科大学等高校率先开办医疗保险专业以来，至今在全国已有 42 所高校开办医疗保险相关专业。据测算，至今 42 所高校共招收医疗保险相关专业本科生数量约 3 万人次，为社会培养了医疗保险专业人才 2.2 万人次，为医疗保障管理部门、医疗机构医保部门、商业健康保险公司以及其他相关部门提供了稳定的人才保障。在本书调查的 410 名医疗保障单位从业人员中，有 14 人在医疗保障管理部门担任正处级以上职务，19 人担任副处级以上职务，有 24 人在医疗机构等事业单位获得高级职称，有 17 人在健康保险公司等企业担任高级管理人员，这无疑为我国医疗保障事业发展和满足社会医疗保险专业人才需求提供了保障。

中国特色社会主义事业发展进入新时代以来，作为人民群众美好生活需要的重要内容，医疗保障服务面临着发展不平衡不充分的重要挑战。人口老龄化程度的不断加深、疾病模式向慢性病为主的转变趋

势、医药技术手段的转型升级等因素，都对医疗保障事业的高质量发展提出了全新要求，加上医疗保障管理工作具有专业性、复杂性等特点，这就需要大量专业且高素质的人才支撑，而医疗保险专业人才凭借其扎实的理论功底，专业的医保知识、扎根一线的工作精神，无疑为医疗保障管理部门、医疗机构医保部门、商业健康保险公司以及其他相关部门应对这一挑战提供了专业人才保障。

二、医疗保险专业办学水平有较大提升

医疗保险人才培养从无到有，虽然只有短短 30 年时间，但办学实力和办学水平有较大提升。以江苏大学为代表的一些高校，在国家"双万专业"建设中，取得国家级、省级一流本科专业建设点，医疗保险学等一批课程获得国家级、省级一流本科课程，《医疗保险学》等教材获国家级规划教材、省级重点建设教材，"医疗保险人才培养改革探索与实践"等教改成果获省级教学成果奖。

42 所高校组建了全国高校医疗保险教育论坛理事会，每年举办中国医疗保险教育论坛。通过这些平台，大家互相交流、互相促进、共同提高。

三、医疗保险人才培养模式基本成形

2020 年 3 月，教育部发布《关于公布 2019 年度普通高等学校本科专业备案和审批结果的通知》，增设备案医疗保险本科专业。随后，锦州医科大学等 13 所高校正式设立医疗保险本科专业，标志着医疗保险专业在中国的诞生。不难看出，医疗保险专业的产生得益于20 余年来 42 所高校在专业培养方案、教学大纲、专业教材、课程设置、实验实践、教学成果奖、毕业生质量保障等方面提供的重要支持。如：由江苏大学策划，组织全国 40 余所高校教师编写的我国高校第一轮医疗保险专业规划教材（12 本），于 2016 年由科学出版社出版，供全国医疗保险相关专业本科生使用，第二轮规划教材于2022 年出版；江苏大学医疗保险系教师主持的项目"基于 OBE 理念

的医疗保险专业方向课程体系优化及教材建设"获得江苏省教学成果奖（高等教育类）二等奖；42 所高校培养出 2 万余名医疗保险专业人才在满足社会对医疗保险专业人才需求的基础上，得到了用人单位广泛认可和好评。

四、人才培养获得广泛社会认可与支持

医疗保险专业设置依据教育部对专业建设提出的"需求导向、标准导向、特色导向"要求，积极响应社会医疗保障事业发展的战略需求和医疗保险专业人才的培养目标，为社会提供了大量专业人才资源。在调查的 410 名从业人员中，认为非常有必要独立设置医疗保险本科专业的人数达 317 人，占比 77.32%；有 216 人认为当前医疗保险专业人才规模不能满足社会需求，占比 52.68%；有 265 人认为社会对医疗保险专业人才的需求在不断增长，占比 64.63%。在用人单位对医疗保障相关专业毕业生适应岗位能力的评价方面，248 人认为医疗保险相关专业毕业生总体岗位适应能力非常强或比较强，占比 60.49%。社会对目前医疗保险人才培养课程类别、课程目录、实践能力等方面均具有较强的认可度，这也在一定程度上推动了医疗保险专业教育和医疗保障事业的快速发展。

第二节　基　本　经　验

一、坚持社会主义办学方向，明确医疗保险人才培养定位

中国基本医疗保障制度的建立与发展，是国家治理体系和治理能力现代化建设在社会民生领域的重要体现，是"以人民为中心"的执政理念在公共政策上的有力彰显。与此相适应，30 年来中国医疗保险人才培养事业所取得的成就，也深深根植于实现"病有所医"、保障全民健康的医保初心。坚持社会主义办学方向和党的教育方针在

医疗保险人才培养方面发挥了明确目标、指引方向的基础性作用，是促进30年来中国医疗保险人才培养规模不断扩大、水平不断提升的强大动力。

在中国特色社会主义事业进入新时代，开启全面建设社会主义现代化国家新征程的全新发展阶段，促进新时代医疗保障事业高质量发展，迫切需要进一步坚持社会主义办学方向，落实立德树人的根本任务，培养自觉为人民服务、为中国共产党治国理政服务、为巩固和发展中国特色社会主义制度服务、为改革开放和社会主义现代化建设服务、为医疗保障事业高质量发展服务的高素质专业化医疗保险人才队伍。

二、面向医疗保障事业高质量发展的重大需求，突出人才培养特色

我国医疗保障事业从无到有、从弱到强的发展过程，每一步都离不开医疗保险人才培养事业的投入和参与，而医疗保障事业发展各阶段所提出的需求任务，则是检验医疗保险人才培养质量的现实标准。从当前各高校人才培养所形成的典型经验来看，密切联系各地医疗保障事业发展的现实需求，在实践中培育符合社会发展和用人单位需求的专业人才，是彰显医疗保险人才培养特色的关键所在。

新时代医疗保障事业的高质量发展，迫切需要深刻把握新发展阶段、贯彻新发展理念、构建新发展格局的新要求，持续加强多层次医疗保障体系建设。新时代医疗保险人才培养，也需要坚持与实践需求相呼应，不断突出医疗保险人才高素质、专业化的培养特色，更好地服务于国家经济社会发展大局。

三、重视高等教育规律，构建完善的医疗保险人才培养质量保障机制

高等教育作为科技发展引擎、人力资源源泉，其对社会发展的贡献主要表现为提供优质人才。医疗保险人才培养的成果也集中体现在如何造就一批适合新时代医疗保障事业高质量发展需要的高素质专业化人才队伍，与之相匹配的学科建设、专业建设水平则是医疗保险人才培养模式的核心竞争力所在。总结近30年来医疗保险人才培养在专业建设、学科建设方面所取得的成绩，可以看出，以师资队伍、培养方案、专业教材、课程设置、实践教学等为代表的一系列教学成果，为改进医疗保险人才培养质量提供了坚实的制度保障。

在"新文科建设"背景之下，医疗保险专业及学科建设迫切需要进一步构建完善的人才培养质量保障机制，探索内涵式发展，推动学科交叉融合，拓展研究范式，从课堂教学、社会实践、课程体系、评价体系等多维度创新体制机制，增强医疗保险人才培养系统的内生动力。

四、整合优势教育资源，打造医疗保险人才培养共同体

作为连接高等教育与医疗保障事业发展的关键环节，医疗保险人才培养受到了教育、医疗、社会保障、就业以及社会经济文化等各领域环境要素的深刻影响。医疗保险人才培养质量的综合提升，也离不开人才培养系统内、外部力量的协同发力。许多高校与国家医保局、省医保局、市医保局联合组建医疗保险研究院（中心）。从各高校医疗保险相关专业办学经验来看，加强高校之间、高校与用人单位之间、高校与教育管理部门之间、专业师资队伍之间、国内外学科之间的沟通交流，促进优势教育资源的有效整合，对于提升医疗保险人才培养系统的外部协调能力十分必要。

中国医疗保险教育论坛理事会组建以来，通过举办各种形式的专业建设交流活动，在学科发展、教学质量标准制定、教材建设、教学能力提升等方面均发挥了强大的组织引领功能。面向新时代医疗保障专业人才培养的现实需求，需要以中国医疗保险教育论坛为基础，进一步凝聚系统内、外合力，着力打造汇集全国医疗保险相关专业、学科、师资、教学管理等优势教学资源的人才培养共同体，促进教育教学改革和学科专业建设，推动人才培养质量提升良性循环。

第四章
新时代医疗保险人才
培养的意义和原则

基于上述有关我国医疗保险专业发展现状和社会需求调查，依照教育部新专业建设"需求导向、标准导向、特色导向"的总体要求，对医疗保险专业设置进行 SWOT 分析，从而对医疗保险专业设置的必要性进行了系统分析，并提出了新时代医疗保险人才培养的基本原则。

第一节　医疗保险专业人才社会需求调查

一、调查对象基本特征

2021 年 9～10 月，课题组通过问卷星形式，在全国范围内以医疗保障相关单位从业人员为对象开展调查，调查共发放问卷 436 份，回收有效问卷 410 份，问卷有效率为 94.03%，被调查对象基本信息见表 4－1。

表 4 - 1 被调查对象基本信息

变量		人数（人）	构成比（%）	变量		人数（人）	构成比（%）
性别	男	200	48.78	所在单位类型	医疗保障管理部门	94	22.93
	女	210	51.22		医疗机构医保部门	58	14.15
年龄	30 周岁以下	145	35.37		商业健康保险公司	100	24.39
	31～40 周岁	128	31.22				
	41～50 周岁	115	28.05		其他	158	38.54
	51 周岁及以上	22	5.37				
最高学历	大专及以下	7	1.71	政府医疗保障管理部门所任职级	科员	68	16.59
	本科	299	72.93		副科级	25	6.10
	硕士	97	23.66		正科级	16	3.90
	博士	7	1.71		副处级	19	4.63
					正处级及以上	14	3.41
从事医疗保障相关行业的工作年限	5 年及以下	188	45.85	医疗机构等事业单位所获职称	初级职称	43	10.49
	6～10 年	67	16.34		中级职称	34	8.29
	11～20 年	104	25.37		副高级职称	18	4.39
	20 年及以上	51	12.44		正高级职称	6	1.46
调查对象区域	东部	299	72.93	健康保险等企业公司所任职级	普通员工	43	10.49
	中部	45	10.98		中级主管	33	8.05
	西部	66	16.09		高级管理人员	17	4.15

1. 人口学特征

在用人单位调查过程中，共调查了医疗保障相关单位从业人员410 人，据表 4 - 1 可知，其中，男性 200 人，占比 48.78%；女性210 人，占比 51.22%。被调查对象年龄在 30 周岁以下者相对较多，达 145 人，占比 35.37%；31～40 周岁人群 128 人，占比 31.22%；41～50 周岁 115 人，占比为 28.05%；51 周岁及以上的最少，仅为22 人，占比 5.37%。从医疗保障相关单位从业人员区域分布情况来看，299 人所在工作单位位于我国东部地区，占比 72.93%；45 人所在工作单位位于我国中部地区，占比 10.98%；66 人所在工作单位位于我国西部地区，占比16.09%。

2. 受教育程度

被调查对象中大专及以下学历者为7人，占比1.71%；本科学历人数最多，为299人，占比72.93%；硕士学位获得者为97人，占比23.66%；博士学位获得者为7人，占比1.71%。

课题组统计了被调查对象第一学历所在专业，排名前三位分别是公共事业管理（医疗保险）、公共事业管理和劳动与社会保障，其中，公共事业管理（医疗保险）专业人数最多，为177人，占比为43.17%；公共事业管理专业人数为134人，占比为32.68%；劳动与社会保障专业人数为16人，占比为3.9%。根据统计结果绘制词频统计图，结果见图4-1。

图4-1　第一学历专业名称词频统计

统计被调查对象中104位研究生所在专业发现，社会医学与卫生事业管理专业人数为15人，占比为3.66%；公共管理专业人数为20人，占比为4.87%。根据统计结果绘制词频统计图，结果见图4-2。

图 4 - 2　硕（博）士学科及研究方向词频统计

3. 工作分布情况

410 名被调查对象中，从事医疗保障相关专业工作年限在 5 年及以下的人数为 188 人，占比 45.85%。工作年限在 6 ~ 10 年的人数为 67 人，占比 16.34%。工作年限在 11 ~ 20 年的人数为 104 人，占比 25.37%。工作年限达 20 年及以上者最少，为 51 人，占比 12.44%。

410 名被调查对象中，有 94 人来自医疗保障管理部门，其中 69 人在政府医疗保障管理部门任科员职务，占比 16.59%；25 人任副科级职务，占比 6.10%；16 人任正科级职务，占比 3.90%；19 人任副处级职务，占比 4.63%；14 人任正处级职务及以上，占比 3.41%。

有 58 人来自医疗机构医保部门，其中 43 人具有初级职称，占比 10.49%；34 人具有中级职称，占比 8.29%；18 人具有副高级职称，占比 4.39%；6 人具有正高级职称，占比 1.46%。

有 100 人来自商业健康保险公司，其中，其中 43 人为普通员工，占比为 10.49%；33 人担任部门主管，占比为 8.05%；17 人担任高级管理人员，占比为 4.15%。

二、医疗保险专业人才社会需求程度

1. 医疗保险专业设置必要性评价

为调查医疗保险专业认可度情况，课题组设置"您认为有无必要独立设置医疗保险本科专业"这一问题。其中，绝大多数被调查对象认为非常有必要独立设置医疗保险本科专业，加强专业对口人才培养，人数达 317 人，占比 77.32%；认为一般和不必要的被调查对象占比较少，人数分别为 47 人和 46 人，占比 11.46% 和 11.22%（见表 4-2）。

表 4-2　　　　　　　　　　　　交叉检验结果

题目		您认为有无必要独立设置医疗保险本科专业？（%）			总计	χ^2	P
名称		非常有必要	一般，无所谓	不必要			
最高学历	大专及以下	5 (1.58)	2 (4.26)	0 (0.00)	7 (1.71)	6.338	0.386
	本科	226 (71.29)	34 (72.34)	39 (84.78)	299 (72.93)		
	硕士	80 (25.24)	10 (21.28)	7 (15.22)	97 (23.66)		
	博士	6 (1.89)	1 (2.13)	0 (0.00)	7 (1.71)		
性别	男	157 (49.53)	21 (44.68)	22 (47.83)	200 (48.78)	0.404	0.817
	女	160 (50.47)	26 (55.32)	24 (52.17)	210 (51.22)		

题目		您认为有无必要独立设置医疗保险本科专业？（%）			总计	χ^2	P
名称		非常有必要	一般，无所谓	不必要			
所在单位类型	医疗保障管理部门	72（22.71）	10（21.28）	12（26.09）	94（22.93）	2.643	0.852
	医疗机构医保部门	49（15.46）	5（10.64）	4（8.70）	58（14.15）		
	商业健康保险公司	77（24.29）	11（23.40）	12（26.09）	100（24.39）		
	其他	119（37.54）	21（44.68）	18（39.13）	158（38.54）		
从事医疗保障相关行业的工作年限	5年及以下	143（45.11）	21（44.68）	24（52.17）	188（45.85）	6.148	0.407
	6～10年	49（15.46）	8（17.02）	10（21.74）	67（16.34）		
	11～20年	86（27.13）	13（27.66）	5（10.87）	104（25.37）		
	20年及以上	39（12.30）	5（10.64）	7（15.22）	51（12.44）		

　　为调查医疗保险专业认可度与被调查人群特征相关性，课题组进一步对该问题以及被调查人群的性别、最高学历、所在单位类型、从事相关行业的年限进行交叉分析。结果显示，所得 P 值均 >0.05，说明是否有必要开设医疗保险专业与被调查对象性别、最高学历、所在单位类型、从事相关行业的年限之间无统计学关系。

　　2. 专业人才培养规模评价

　　为调查当前我国高校医疗保险专业相关人才培养规模与社会需求匹配现状，课题组设置了"您认为当前我国高校医疗保险相关专业人才培养规模如何"这一问题。所调查410名医疗保障相关单位从业人员中，有216人认为当前规模不能满足社会需求，占52.68%；有164人认为基本适应社会需求，占比40.00%；有30人认为人才培养数量超过社会需求，占比7.32%（见表4-3）。

表4-3　　　　　　　交叉（卡方）分析结果

问题	选项	您认为当前我国高校医疗保障相关专业人才培养规模如何？（%）			总计	x^2	P
		不能满足社会需求	基本满足社会需求	数量超过社会需求			
您认为有无必要独立设置医疗保障本科专业？（%）	非常有必要	195 (90.28)	115 (70.12)	7 (23.33)	317 (77.32)	80.585	0.000**
	无所谓	10 (4.63)	28 (17.07)	9 (30.00)	47 (11.46)		
	不必要	11 (5.09)	21 (12.80)	14 (46.67)	46 (11.22)		
	总计	216 (52.68)	164 (40.00)	30 (7.32)	410 (100)		

注：** 表示 P < 0.01。

在此基础上，课题组进一步对"您认为当前我国高校医疗保险相关专业人才培养规模如何"与问题"您认为是否有必要独立设置医疗保险本科专业"进行交叉分析，结果呈现出0.01水平显著性（chi = 80.585，P = 0.000 < 0.01），通过百分比对比差异可知，选择"不能满足社会需求"的被调查对象选择"非常有必要"的比例90.28%，明显高于平均水平77.32%。选择"数量超过社会需求"与选择"一般，无所谓"的比例30.00%，明显高于平均水平11.46%。选择"基本适应社会需求"与选择"一般，无所谓"的比例17.07%，明显高于平均水平11.46%。选择"数量超过社会需求"与选择"不必要"的比例46.67%，明显高于平均水平11.22%。可知两者之间存在相关性，认为当前医疗保险人才数量不能满足社会需

求，并认为有必要独立设置医疗保险专业。

为了解社会对于医疗保险专业人才需求情况，课题组于问卷中设置了"您认为从全国范围来看，当前对医疗保险专业人才的社会需求状况如何"这一问题。其中，265 人认为社会需求不断增长，占比为 64.63%；112 人认为社会需求保持平稳，占比为 27.32%；仅有 33 人认为社会需求有所降低，占比为 8.05%（见图 4 - 3）。由此可知，大多数被调查对象对于当前医疗保险专业人才的社会需求状况持乐观态度。

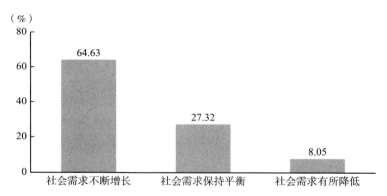

图 4 - 3　医疗保险人才的社会需求情况

3. 用人单位专业人才配置情况

为了解医疗保障相关部门工作人员配置数量是否满足用人单位需求情况，课题组在问卷中设置了"您认为本单位医疗保障相关工作人员配置数量能否充分满足业务需求"这一问题。调查结果如图 4 - 4 所示。

410 名被调查对象中，23 名被调查对象认为其所在单位医疗保障相关工作人员配置数量可以充分满足业务需求，占比为 5.61%；70 名被调查对象认为其所在单位医疗保障相关工作人员配置数量满足单位需求的情况较为充分，占比为 17.07%；151 名被调查对象认为其所在单位医疗保障相关工作人员配置数量满足单位需求的情况一般，占比为 36.83%；83 名被调查对象认为其所在单位医疗保障相关工作人员配置数量满足单位需求的情况较不充分，占比为 20.24%；83 名被调查对象认为其所在单位医疗保障相关工作人员配置数量非常不足，占比为 20.24%。根据调查结果可知，多数被调查对象认为当前其所在单位对医疗保障相关工作人员的需求没有得到很好地满足，用人单位对于医疗保险专业人才的需求程度较高。

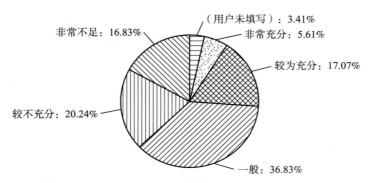

图 4-4　用人单位专业人才配置情况

三、医疗保险专业人才社会认可程度

1. 医疗保险专业毕业生适岗能力

为了解用人单位对医疗保险相关专业毕业生适应岗位能力的评价状况，课题组设置了"您认为本单位招聘的医疗保险相关专业毕业生的总体岗位适应能力如何"这一问题。其中，29 人认为医疗保险相关专业毕业生总体岗位适应能力非常强，占比为 7.07%；219 人认为医疗保险相关专业毕业生总体岗位适应能力较强，占比为 53.41%；146 人认为医疗保险相关专业毕业生总体岗位适应能力一般，占比为 35.61%；11 人认为医疗保险相关专业毕业生总体岗位适应能力较差，占比为 2.68%；5 人认为医疗保险相关专业毕业生总体岗位适应能力非常差，占比为 1.22%（见图 4-5）。结果表明，多数用人单位对医疗保险相关专业毕业生的岗位适应能力持肯定态度，较

少出现负面评价。

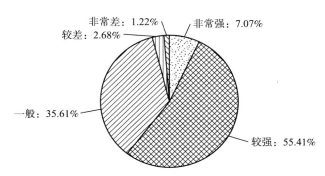

图 4 - 5 医疗保险专业毕业生适岗情况

2. 用人单位员工专业背景认知

为进一步了解医疗保障相关部门员工专业背景情况，问卷设置了"您认为本单位医疗保障相关工作人员的专业背景如何"这一问题，410名被调查对象中，有10人指出其所在单位人员全部来自医疗保险相关专业，占比2.44%；有46人指出其所在单位人员大部分来自医疗保险相关专业，占比11.22%；有93人指出其所在单位人员有一半左右来自医疗保险相关专业，占比22.68%；有181人指出其所在单位大部分员工专业背景与医疗保险专业无关，占比44.51%；有80人指出其所在单位医疗保障相关工作人员专业背景几乎完全与医疗保险专业无关，占比为19.51%。由此可知，多数被调查对象认为其单位医疗保障相关岗位工作人员的专业背景与医疗保险专业关联性不大。

课题组进一步对该问题以及被调查对象所在单位类型进行交叉检验，结果显示 P = 0.008 < 0.01，说明不同被调查对象所在单位的类型对于其对单位内医疗保障相关工作人员的专业背景的认知均呈现出差异性。根据百分比对比差异可知，商业健康保险公司选择一半左右来自医疗保险相关专业的比例29.00%，明显高于平均水平22.68%；医疗保障管理部门选择大部分与医疗保险相关专业无关的比例

56.38%，明显高于平均水平44.15%；医疗机构医疗保障部门选择大部分与医疗保险相关专业无关的比例51.72%，明显高于平均水平44.15%。详见表4－4。

表4－4 交叉检验结果

题目	选项	您所在单位的类型（%）				总计	χ^2	P
		医疗保障管理部门	医疗机构医保部门	商业健康保险公司	其他			
您认为本单位医疗保障相关工作人员的专业背景如何？	全部来自医保相关专业	0 (0.00)	1 (1.72)	1 (1.00)	8 (5.06)	10 (2.44)	26.873	0.008**
	大部分来自医保相关专业	4 (4.26)	9 (15.52)	11 (11.00)	22 (13.92)	46 (11.22)		
	一半左右来自医保相关专业	23 (24.47)	7 (12.07)	29 (29.00)	34 (21.52)	93 (22.68)		
	大部分与医保专业无关	53 (56.38)	30 (51.72)	40 (40.00)	58 (36.71)	181 (44.15)		
	几乎都与医保专业无关	14 (14.89)	11 (18.97)	19 (19.00)	36 (22.78)	80 (19.51)		
总计		94	58	100	158	410		

注：** 表示 $P < 0.01$。

3. 用人单位专业人才招聘渠道

为获知医疗保障用人单位主要采取何种渠道进行医疗保险相关人才的外部招聘，课题组于问卷中设置了"据您了解，本单位从外部招聘医疗保险人才的渠道主要是什么"这一问题。调查结果见表4－5。

表 4 - 5　　　　　　　　　　　用人单位招聘渠道

题目	选项	频数（名）	百分比（%）	累积百分比（%）
据您了解，本单位从外部招聘医疗保险人才的渠道主要是？	高校毕业生招聘	133	32.44	32.44
	面向社会招聘	227	55.36	87.80
	其他单位调入	50	12.20	100.00
	合计	410	100.0	100.0

　　在 410 名被调查对象中，有 227 人表示其所在单位招聘医疗保险人才的主要渠道是面向社会招聘，占比 55.37%；133 人表示所在单位主要通过高校毕业生招聘来招聘医疗保险人才，占比 32.44%；50 人表示所在单位以其他单位调入为主，占比 12.20%。由此可见，当前各医疗保障用人单位普遍采取面向社会招聘作为外部招聘医疗保险相关专业人才的主要方式。

四、医疗保险专业培养模式社会认同程度

1. 专业课程类别认可程度评价

　　为调查医疗保险专业本科教育课程类别认可情况，课题组采用李克特五点评分法，用评分 1 ~ 5 来表示被调查对象认为该类课程开设的必要程度（见图 4 - 6）。

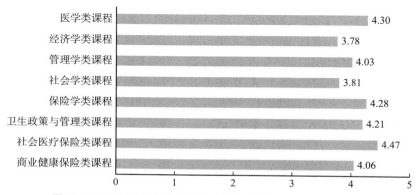

图 4 - 6　医疗保险专业本科教育课程类别认可程度得分情况

如图 4 - 6 所示，社会医疗保险类课程得分平均值为 4.466，医学类课程评分的平均值为 4.298，保险学类课程得分平均值为 4.276，卫生政策与管理类课程得分平均值为 4.212，说明大多数被调查对象对社会医疗保险类课程、医学类课程、保险学类课程、卫生政策与管理类课程认可度较高，认为这些课程必要性更强；商业健康保险类课程得分平均值为 4.061，管理学类课程平均值为 4.029，社会学类课程得分平均值为 3.807，经济学类课程平均值为 3.783，说明在被调查对象心目中商业健康保险类课程、管理学类课程、社会学类课程、经济学类课程必要性相对弱于其他课程。从分析结果可知，被调查对象对课程的认可情况具有较强的实践导向，对于贴近医疗保险和卫生事业管理的课程普遍具有较强的认可度，而对于更加偏向理论的经济学管理学等课程认可情况较差。

2. 专业课程目录设置情况评价

为调查医疗保险专业本科教育课目认可情况，课题组问卷采用李科特五点评分法，用评分 1 ~ 5 来表示被调查对象认为该门课程开设的必要性，见表 4 - 6。

表 4 - 6　　　医疗保险专业本科教育课目认可情况描述性分析结果

名称	样本量	平均值	标准差	中位数
卫生经济学	410	3.946	1.017	4.000
卫生事业管理学	410	4.044	1.024	4.000
卫生政策学	410	3.959	1.028	4.000
卫生法学	410	3.961	1.039	4.000
卫生监督学	410	3.680	1.071	4.000
医院管理学	410	4.005	1.070	4.000
药物经济学	410	3.600	1.121	4.000
社会保险学	410	4.239	0.967	5.000
医疗保险学	410	4.529	0.896	5.000
医疗保险统计学	410	4.324	0.981	5.000

续表

名称	样本量	平均值	标准差	中位数
医疗保险基金管理	410	4.295	1.050	5.000
医疗保险支付方式	410	4.322	1.022	5.000
医疗保险国际比较	410	3.946	1.048	4.000
健康保险学	410	4.022	1.038	4.000
健康保险营销学	410	3.602	1.141	4.000
健康保险法律制度	410	4.059	1.024	4.000
健康保险市场调查与预测	410	3.790	1.101	4.000
健康保险核保与理赔	410	4.024	1.114	4.000

如表4-6所示，数据标准差范围均在1.0~1.2，数据离散程度较大，推断被调查对象之间对于同一课程存在评分差异；平均值除医疗保险类课程普遍得分较高，卫生监督学、药物经济学得分较低，其他课程得分平均在4.0左右，中位数均为4或5，说明被调查对象大体对于课程重要性表示认可。

3. 实践能力培养模式评价

为更好匹配医疗保险专业人才供需，对用人单位对高校的医疗保险专业人才能力培养偏好情况进行调查（见表4-7）。

表4-7　　　　　用人单位对高校人才能力培养偏好情况

选项	频数	占比
加强理论基础，培养分析问题的研究问题	281	68.54%
注重实践技能，培养实际解决问题的动手操作能力	383	93.41%
培养人际交往等社会适应能力	245	59.76%
其他，请说明	13	3.17%

如表4-7所示，所调查的410名医疗保障相关单位从业人员中，有281人认为高校的医疗保险专业人才培养应加强理论基础知识学

习，占比68.54%；383人认为应注重实践技能，培养解决问题的动手操作能力，占比93.41%；245人认为应培养人际交往等社会适应能力，占比59.76%；11人选择提升其他能力例如提高医学知识或公文写作能力等，占比3.17%。因此，调查结果表明大多数被调查者更加重视实践技能等实际操作能力的培养。

五、用人单位医疗保障从业人员专业背景

为进一步了解医疗保险专业毕业生就业情况以及相关单位医疗保障从业人员专业背景，课题组通过实地走访、查阅花名册等方式，对1995年"两江"医改试点城市之一的镇江市（市医保局、市医保中心以及市区各医院医保办公室）进行了调研，结果如下。

1. 市医保局、市医保中心从业人员专业背景

截至2021年12月，镇江市医保局、市医保中心共有在编人员59人，其中男性共19人，占比32.2%，女性40人，占比67.80%（见表4-8）。

表4-8　　　　　　　镇江市医保中心在编人员信息

变量		人数（人）	构成比（%）
性别	男	19	32.2
	女	40	67.80
学历	大专及以下	6	10.17
	本科	44	74.58
	硕士研究生	9	15.25
所学专业	医疗保险专业	4	6.78
	财务会计专业	11	18.64
	医学类专业	13	22.03
	管理学专业	31	52.54

变量		人数（人）	构成比（%）
职务	公务员见习	4	6.78
	一级科员	11	18.64
	主任科员	24	40.68
	副科长及以上	20	33.90

受教育程度方面，相关人员中大专及以下学历者共 6 人，占比 10.17%；本科学历共 44 人，占比 74.58%；硕士研究生学历共 9 人，占比 15.25%。由此可知，镇江市医保局、市医保中心绝大多数在编人员拥有本科以上学历。

专业背景方面，镇江市医保局、市医保中心在编人员中所学专业为医疗保险的人数仅为 4 人，占总人数比为 6.78%；所学专业为财务会计的人数为 11 人，占比为 18.64%；所学专业为医学类专业的人数为 13 人，占比 22.03%；所学专业为管理学的人数为 31 人，占比 52.54%。由此可知，半数镇江市医保局、市医保中心在编人员具有管理学专业背景，其余人员也多来自财务会计或医学等与医疗保险有一定联系的专业，但真正具有医疗保险专业背景的人员占比极少。

职务方面，镇江市医保局、市医保中心在编人员中有 4 人属公务员见习，占比 6.78%；11 人职务为一级科员，占比为 18.64%；24 人为四级以上主任科员，占比为 22.03%；副科长及以上，包括调研员、主任等共 20 人，占比 33.90%。由此可知，镇江市医保局、市医保中心在编人员职务大多在四级主任科员以上。

2. 市区各医院医保从业人员专业背景

镇江市市区医院主要包括江苏大学附属医院、镇江市第一人民医院、镇江市第二人民医院、镇江市第三人民医院、镇江市第四人民医院、镇江市第五人民医院、镇江市中医院、丹徒区人民医院、京口区人民医院、润州区人民医院、新区人民医院、镇江市口腔医院共 12

家医院，各医院均设有医保办公室，为此，课题组进一步对上述医院的医保经办部门进行了走访调研，调研结果见表4-9。

表4-9　　　　　镇江市市区医院医保从业人员专业背景

学历	人数		专业	人数		总人数（人）
	数量（人）	占比（%）		数量（人）	占比（%）	
大专及以下	22	26	医学类	20	24	
本科	54	64	管理学类	19	23	84
研究生	8	10	会计学类	36	43	
			医疗保障类	9	10	

通过调查得知，镇江市市区医院医保从业人员共84人，其中专科及以下学历22人（占26%），本科学历54人（占64%），研究生学历8（占10%）人。专业背景为医学类20人（占24%），管理学类19人（占23%），会计学类36人（占43%），医疗保障类9人（占10%）。从调查情况看，具有医疗保险专业背景的人员占比较少。

六、医疗保险专业发展 SWOT 分析

由于医疗保险专业在我国的发展时间并不长久，专业设置及培养模式均处于探索阶段，因此借助SWOT分析法对医疗保险专业设置的必要性进行全面分析，旨在全面把握内部优势、劣势与外部环境的机会和威胁的基础上，建构SWOT矩阵模型，制订符合医疗保险专业设置和发展的关键战略，以发挥优势、克服不足、利用机会、化解威胁。

课题组在前期医疗保险专业发展现状调查结果、医疗保险专业人才社会需求现状调查结果和医疗保险专业负责人访谈结果的基础上，根据 SWOT 分析方法，绘制出医疗保险专业发展 SWOT 分析模型（见表4-10）。

表 4-10　　　　　医疗保险专业发展 SWOT 分析模型

内部环境 外部环境	优势 S S1. 符合医疗保障事业发展需求 S2. 顺应医疗保险人才培养方向 S3. 满足社会对相关人才需要 S4. 助推"四新"专业建设 S5. "健康中国战略"重要环节	劣势 W W1. 专业社会影响力不够 W2. 专业培养模式欠规范 W3. 专业名称不统一 W4. 专业发展时间不长 W5. 课程体系仍不完善
机会 O S1. 国家对医疗保障事业高度重视 S2. 国家医疗保障局成立 S3. 医疗保险专业设立 S4. 居民对医疗保障认知度提升 S5. 社会对医疗保险人才需求增加	S-O 策略 S-O1. 顺应新时代发展趋势，围绕医疗保障事业发展方向，推动专业快速发展，强化社会认知 S-O2. 聚焦"四新"专业建设要求，加大医疗保险人才培养力度，满足社会发展需求	W-O 策略 W-O1. 注重顶层设计，推进专业名称统一，强化专业社会认知度 W-O2. 立足医疗保障发展需求，优化医疗保险专业培养模式，深入可持续推进医疗保险专业发展
威胁 T S1. 专业实践操作能力要求高 S2. 毕业生就业门槛相对较高 S3. 社会对专业认知度不足 S4. 人才培养规模不足 S5. 毕业生对口就业程度不足	S-T 策略 S-T1. 加强用人单位需求调研，聚焦实践需要，提升本科生实践操作能力 S-T2. 建立人才联合培养模式，制定职业准入资格，帮助毕业生对口就业	W-T 策略 W-T1. 通过相关政策明确医疗保险专业设置方向和人才培养模式 W-T2. 强化专业定位，完善医疗保险人才培养方案 W-T3. 以需求为导向，培养符合社会需求的医疗保险专业人才

第二节　新时代医疗保险人才培养的意义

我国医疗保险相关专业已经历了近 30 年的发展历史，在全面开启社会主义现代化国家建设新征程的历史起点，医疗保障事业作为改善民生的重要领域，需要建立一支高水平专业人才队伍。持续加强医疗保险专业人才的培养规模和培养质量，是对新时代经济社会发展需求的有效呼应，对于完善我国高等教育学科体系也具有较为重要的现实意义。

一、符合我国医疗保障事业发展的战略需求

随着中国特色社会主义事业进入新时代，作为人民群众美好生活需要的重要内容，医疗保障服务面临着发展不平衡不充分的重要挑战。人口老龄化程度的不断加深、疾病模式向慢性病为主的转变趋势、医药技术手段的转型升级，都对医疗保障事业的高质量发展提出了全新要求。

自 2018 年国家医疗保障局成立以来，建立覆盖全民、统筹城乡、公平统一、可持续的多层次社会保障体系成为极其重要的工作目标，但目前医疗保险专业人才队伍，尤其是适应新时代高质量发展的优秀人才，仍然存在较大的缺口。2012～2019 年，职工基本医疗保险和城乡居民基本医疗保险的待遇享受人次均呈现出逐年增长趋势，2020 年因疫情影响虽有所下降，职工医保和居民医保的人均待遇次数仍分别为 5.0 次/人和 1.8 次/人。从 2018 年到 2020 年，医疗保险基金监管查处的违法违规定点医药机构数量也从 6.6 万家增长到 40.1 万家。由于医疗保障管理工作具有专业性、复杂性等特点，迫切需要大量且高素质的人才支撑。通过对全国范围内 410 名从事医疗保障工作的专业人员的问卷调查，发现有高达 37.07% 的受访者认为所在单位医疗保障相关工作人员配置数量不能满足业务需求，仅有 5.61% 的受访者认为人员配置数量可以充分满足业务需求。同时，在对医保从业人员的问卷调查中，大多数受访者认为工作单位医疗保障相关工作人员的专业背景与医保关联性较差，仅有 2.44% 的受访者认为本单位人员全部来自医保专业，而有 44.15% 的受访者认为工作单位大部分工作人员专业背景与医保无关，19.51% 的受访者认为工作人员专业背景几乎全部与医保专业无关。

上述现象说明，当前医疗保险人才队伍中具有专业教育背景的比例仍然偏低，与高素质专业化人才队伍的建设目标仍有较大差距。由此可见，加大医疗保险专业人才培养规模，是医疗保障事业发展的客观需求。加大医疗保险专业人才培养能力建设，是推动新时代医疗保

障事业高质量发展的基础性人才保证条件。

二、顺应医疗保险一流专业建设的培养目标

提升医疗保险专业人才培养规模及培养质量，已经成为当前医疗保险专业教育的紧迫需求。在 20 余年的办学历史中，医疗保险相关专业已经积累了一定数量的人才产出，然而，通过调研发现，医疗保险专业教育的发展仍然远远落后于医疗保障事业发展实践。当前，大部分高等院校主要是从公共事业管理、劳动与社会保障、保险学等专业口径开展人才培养工作，仅有少数院校刚刚开始创办"医疗保险学"特设专业，部分高校则通过"健康服务与管理"特设专业开展健康保险专业人才培养。这一局面反映出，当前医疗保险相关专业碎片化的培养格局严重限制了医疗保险专业人才的培养模式创新。

通过对医疗保障相关专业用人单位的问卷调查，关于医疗保险专业人才的岗位适应能力，有 53.41% 的受访者认为其单位所招收的医疗保险相关专业毕业生的岗位适应能力较强，但仍有 39.51% 的受访者表示医疗保险相关专业毕业生的岗位适应能力不足。此外，用人单位受访者在对当前医疗保险相关专业的培养成效表示认同的基础上，也表达了其与现实需求之间的差异。关于医疗保险专业人才的能力结构，93.41% 的用人单位受访者认为应注重实践技能，培养其解决问题的动手操作能力，68.54% 的用人单位受访者认为应加强其理论研究能力，还有 59.76% 的用人单位受访者认为应重点培养其人际交往等社会适应能力。

通过调查可以发现，当前医疗保险相关专业的培养成效与用人单位的实践需求之间仍然存在一定的差距。诸如实践技能不足、理论研究能力缺乏、社会适应能力薄弱等现象，均与当前高校中医疗保险相关专业建设中存在的碎片化、窄口径、宽进严出等现实问题密切相关。因此，如何有效应对新时代高素质专业化医疗保险人才队伍建设的需要，瞄准医疗保险一流人才培育，建立起融合社会医疗保险与商业健康保险、医疗救助等多领域的医疗保险专业人才培养体系，是促

进医疗保险相关专业建设与发展的有利时机。

三、有助于形成"四新"专业建设的突破口

教育部提出建设新工科、新医科、新农科、新文科示范性本科专业的政策导向，致力于引领带动高校优化专业结构、促进专业建设质量提升，推动形成高水平人才培养体系。医疗保险专业具有学科交叉融合的独特优势，完全有理由成为"四新"专业建设的重要突破口。医疗保险专业人才培养需要高度整合医学、管理学、保险学等多学科领域的知识、技能与方法，能够成为"新文科"与"新医科"等学科融合的关键着力点。从"四新"专业建设的角度推进医疗保险专业人才培养，也将积极顺应医疗保险高素质专业化人才队伍建设的需要。

通过对用人单位的调查，绝大多数受访者认为非常有必要独立设置医疗保险本科专业，加强专业对口人才培养，占比达77.32%；认为一般和不必要的受访者占比较少，分别为11.46%和11.22%。与受访者大多数并非出自医疗保险相关专业的专业背景相对比，可见加强医疗保险人才的专业化培养已经成为医疗保障管理部门和从业人员的普遍共识。对于当前我国高校医疗保险专业相关人才培养规模问题，过半数的受访者（52.68%）认为当前的培养规模不能满足社会需求，40.00%的受访者认为基本适应社会需求，仅有7.32%的受访者认为当前人才培养数量超过社会需求。用人单位受访者表示其所在单位招聘医疗保险人才时，60.98%更为看重的是毕业生本人的能力和素质，但仍有19.02%的受访者认为人才是否来自双一流院校更为重要，另有17.32%的受访者表示人才是否来自双一流专业是录用医疗保险专业人才的关键考量。由此可见，医疗保障管理部门在人才招聘过程中，不仅看重医疗保险人才自身的专业素质，也对其来源的学校、专业表达出了倾向性。医疗保险专业人才队伍建设，对医疗保险相关专业的建设水平也提出了更高的期待，

"四新"专业建设与人工智能、大数据等为代表的现代信息技术

密切相关，而现代医疗保障体系的发展也离不开信息化、智能化服务手段的运用。通过对用人单位的调查与访谈，了解到许多医疗保障工作人员，尤其是较高层级的管理人员，对于医疗保险专业人才队伍的综合管理素质尤为重视，对信息化背景下的医疗保障高素质人才培养表现出极大兴趣。因此，加强和改进新时代医疗保险人才培养体系，将更好地培养满足医疗保障事业发展需求的创新型、复合型高级管理人才，同时为探索医文结合新专业提供充分的发展空间。

第三节　新时代医疗保险人才培养的基本原则

经过近 30 年的办学实践，我国医疗保险相关专业积累了较为丰富的办学经验，初步形成了一支从事医疗保险教学、研究的专业师资队伍，并开展了医疗保险专业办学的初步尝试。对照新专业设置的底线标准，在新时代医疗保障事业高质量发展的时代背景下，通过独立设置医疗保险本科专业，加强和改进新时代医疗保险人才培养体系，应遵循以下几方面的基本原则。

一、面向社会需求，凸显专业特色

新时代的医疗保险人才培养，首先需要满足社会需求，体现鲜明的办学特色。只有面向社会需求，才能保证医疗保险专业建设形成稳定的发展趋势，只有凸显专业特色，才能保证医疗保险专业相对于其他专业的显著优势。在面向新时代医疗保障高素质专业化人才队伍建设需求的基础上，不断凸显医疗保险专业人才的培养特色，是医疗保险专业存在和发展的立身之本。

通过对 40 余所高等院校开办医疗保险相关专业的系统调查，发现各相关专业围绕医疗保障事业发展需求，已经形成了较为鲜明的办学特色。当前调查样本院校的年平均招生规模在 50 人左右，生源多面向全国，就业去向遍及社保经办机构、商业保险公司、医疗事业单位、健康管理组织等多领域。这些现象显示出，我国医疗保险相关高校专业发展势头强劲，已经成为服务当地及全国医疗保障事业发展的重要人才储备来源。

新时代医疗保险人才培养，需要坚持"立德树人"的教育总目标，坚持"三全育人"理念，以适应国家医疗保障事业高质量发展的实践需要为基本遵循，紧密跟踪医疗保障事业改革与发展的社会需求，不断夯实培养高素质专业化医疗保险人才的专业特色。

二、凝炼学科优势，提升师资能力

新时代医疗保险人才培养必须以强大的学科建设为依托，为专业人才培养提供高质量的学科建设条件和师资建设水平。在推进"双一流"学科建设的背景下，尤其需要有效处理好学科建设与专业建设的相互促进关系，使学科建设所汇聚的资源、成果为专业建设所用，使学科团队形成稳定而高水平的专业建设师资，为持续提升医疗保险专业建设水平提供动力。

我国的医疗保险学科建设不断加强，已经成为公共管理领域的重要学科分支，相关研究在推进国家治理体系和治理能力现代化进程中发挥了巨大的促进作用。当前医疗保险相关专业经过长期发展，也已经形成了一支实力雄厚的专业师资队伍。调查样本院校的医疗保险相关专业已经呈现出学历、职称、学源等方面较为优化的师资结构。医疗保险相关专业的博士、硕士培养规模不断扩大，既是学科发展水平不断提升的重要表现，也将为医疗保险本科专业的发展提供更为充足的师资储备。中国医疗保险教育论坛的成立及年度会议的召开，为医疗保险专业教学师资搭建了一个良好的交流平台，有利于提升医疗保险专业师资质量。

新时代医疗保险人才培养，需要更加充分重视学科建设，在坚实的学科建设基础上改善专业建设水平，妥善统筹发展本科专业教育与研究生教育，在师资建设中结合医疗保障事业发展的实践需要，坚持理论型师资和实践型师资建设并重，通过专业建设与学科建设的良性互动，为医疗保险专业建设提供高水平的动力支持。

三、整合教学资源，加强制度保障

新时代医疗保险人才培养离不开广泛、优质的资源基础，也需要以标准化、高效率的管理制度作为坚实保障。现代教育理念和方法的日新月异，为医疗保险专业建设提供了全新的机遇和挑战。顺应现代教育改革的发展趋势，加强优质教学资源的整合、促进教学管理能力提升，是医疗保险专业建设与发展的成事之基。

调查显示，样本院校均高度重视专业教学资源建设。其中，有10余所院校参与了国家级或省级一流本科课程建设，涵盖线上课程、线下课程、线上与线下相结合的混合式课程、虚拟仿真实验课程等多种课程形式。教材资源建设以全国医疗保险专业规划教材的编写为代表，首轮规划教材在30余所高校进行了推广应用，现正在进行第二轮编写修订工作。医疗保障事业的高速发展，也为医疗保险专业教育提供了丰富的实践教学资源，大多数院校建立了专业实验室，通过医疗保障实训或模拟软件提升了学生的实践技能。上述教学条件和管理制度的不断完善，为加强和改进医疗保险人才培养体系提供了良好的物质基础。

因此，新时代医疗保险人才培养，需要积极发挥现有教学资源建设所取得的优势基础，紧密结合"新文科建设"的教育理念更新和教学方法创新，提升教学成效，促进教学质量保障体系等管理制度的完善。

第五章
新时代医疗保险专业
人才培养方案的制定

基于医疗保险相关专业发展现状的分析，在梳理新时代医疗保险人才培养的意义和基本原则的基础上，进行医疗保险专业人才培养方案的构建。依据《普通高等学校本科专业类教学质量国家标准》（2018年版）有关"公共管理类"专业的教学质量标准，主要从培养目标体系、课程体系、质量保障体系等方面系统构建医疗保险专业的人才培养方案。

第一节　医疗保险专业人才培养的目标体系

一、主干学科、学制与授予学位

医疗保险本科专业的主干学科为公共管理。

医疗保险本科专业的基本学制为4年，实行弹性学制，最短修业年限不得少于3年。鼓励学生创新创业，允许学生根据创业需求调整学业进度。鼓励学生到海外交流学习。

医疗保险本科专业学生达到毕业要求的，授予管理学学士学位。

二、人才培养目标制定的依据

医疗保险本科专业人才培养目标的制定，主要依据国家的教育目的和各级各类学校的性质、任务，提出具体的培养要求，即国家根据学校的不同类型、层次、科类以及培养要求而确定人才培养标准与方案。

首先，医疗保险本科专业人才培养目标应全面贯彻落实新时代党的教育方针。新时代党的教育方针，明确了立德树人的根本任务，将努力培养担当民族复兴大任的时代新人、培养德智体美劳全面发展的社会主义建设者和接班人，作为教育的根本目标。医疗保障事业的高质量发展是新时代国家治理体系和治理能力现代化进程的重要环节，医疗保险专业人才培养必须体现这一鲜明的时代性特征，切实满足医疗保障制度建设与改革、高素质医疗保障队伍建设的实践需求。

其次，医疗保险本科专业人才培养目标应注重人的全面发展的教育规律。马克思主义关于人的全面发展理论是我国制定教育目标的理论基础，"以人为本"理念揭示出教育目标不仅具有标准性和指引性，还应关注人才发展的特殊性，充分认识人的发展这一复杂的综合过程具有很大的不确定性。对于医疗保险本科专业学生，除了专业知识和能力素质要求之外，还应加强对其公民意识、责任意识、服务意识、创新意识等方面的培养，使其成为具有良好身心素质的优秀人才。

最后，医疗保险本科专业人才培养目标应适应国家和区域经济社会发展需求。高等学校的人才培养应紧密对接国家战略需求，提升人才培养质量，实现科学定位、特色发展，在服务经济社会发展中体现价值。新时代医疗保障事业的高质量发展，在很大程度上依靠培养一支高素质、专业化的医疗保险人才队伍。医疗保险本科专业人才培养，也需要建立以创新创业为导向的新型人才培养模式，增强大学生的创新精神、创业意识和实践能力，提升医疗保险专业队伍的人力资源素质。

三、人才培养目标的内涵

医疗保险本科专业人才培养目标体系的构建，需要对照《普通高等学校本科专业类教学质量国家标准》（2018 年版）"公共管理专业类"的培养目标，体现本科专业教育应达到的培养规格，符合医疗保险人才培养过程的科学性，突出医疗保障事业发展的特色背景，发挥其在医疗保险专业人才培养中的指向性。

参照公共管理类专业的培养目标，医疗保险本科专业的培养目标可概括为：培养德智体美劳全面发展，掌握现代医疗保险理论、制度与实践方法，能运用本学科的基础理论、专门知识和专业技能，具备民生保障、公平正义、高效治理的理念，具有创新精神、创业意识和创新创业能力，能适应社会发展需求，在医疗保障管理部门、经办机构、商业保险公司、健康管理机构等部门从事管理或服务工作的专业人才。

从构成要素来看，上述培养目标基本涵盖了公共管理专业类培养目标对人才的素质、知识、能力等不同维度的培养规格要求，同时注重体现出医疗保险的特殊专业背景，将医疗保险本科专业人才培养规格的不同属性要求进行了有机融合，较为系统地回答了医疗保险本科专业"培养什么人"的问题（见图 5 - 1）。

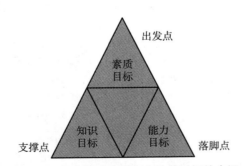

图 5 - 1　医疗保险本科专业培养目标的内涵

在具体运用医疗保险本科专业人才培养目标时，还应注意以下几方面的问题。

第一，需处理好普遍性和特殊性的关系。上述人才培养目标，是结合我国医疗保险相关专业的发展现状，针对新时代医疗保障高素质专业化人才培养需求而提出的普适性目标。各具体高校应根据上述培养目标和自身办学定位，结合专业基础和学科特色，在对区域和行业特点以及学生未来发展需求进行充分调研与分析的基础上，以适应医疗保障事业高质量发展为导向，细化人才培养目标的内涵，准确定位本专业人才培养的具体目标。因此，各有关高校在制定人才培养目标时，应避免出现培养目标同质化的现象，应结合学科、区域特色，体现差异化的人才培养格局，促进医疗保险专业的良性发展。

第二，需处理好通用性和专业性的关系。医疗保险本科专业人才培养目标，针对的是本科层次的医疗保险专业人才培养，既不同于以培养研究型人才为目的的研究生教育，也不同于以培养实践应用人才为目的的职业技能教育。从培养口径的角度看，本科层次的医疗保险专业教育应体现厚基础、宽口径的特点，加强医疗保险基础理论与技能的培养，同时能够面对不同层次、不同类型的社会需求培养专业化能力，进而结合医疗保障体系的多层次、多样化的治理格局，培养能够满足政府管理、社会保险经办、商业保险经营、健康管理服务等多方需求的通专结合的应用型人才。

第三，需处理好稳定性和可变性的关系。专业培养目标对于合理规范人才培养过程，具有重要的导向作用。在一定时期内，应坚持培养目标发挥稳定的指导作用，体现培养目标对人才需求的持续回应。同时，人才培养目标的制定不是一成不变的，需要根据社会发展的实际需要，定期进行评估与修订。一方面，医疗保险人才培养需要紧密对接新时代医疗保障事业的高质量发展的社会需求，根据医疗保障事业改革与发展的需要，适时适度调整医疗保险人才培养目标。另一方面，现代教育理念、方法及技术的改革趋势也需要医疗保险专业有效应对，在培养目标制定方面应更多地体现时代性、前沿性。

四、人才培养的素质目标

按照《普通高等学校本科专业类教学质量国家标准》（2018 年版）"公共管理专业类"人才培养基本要求，对人才的专业素养、知识要求、能力要求等维度分别提出了具体的界定。在此基础上，本书通过选择医疗保险教育领域的知名专家10人，开展专家座谈的形式，分别对医疗保险本科专业人才培养的素质目标、知识目标、能力目标进行了界定。

按照"公共管理专业类"人才培养基本要求，专业素养层面的目标包括如下内容：热爱祖国，拥护中国共产党的领导，掌握中国特色社会主义理论体系，牢固树立正确的世界观、人生观、价值观，爱国、诚信、友善、守法；具有高度的法治意识、公共精神、社会责任感和积极的人生态度；具备良好的专业素质，能够掌握本专业的思维方法和研究方法；具备良好的人文素养和科学素养，具备健康的体魄和良好的心理。

通过专家研讨，提出了如下关于医疗保险专业人才的素质目标。

（1）在政治思想素质层面，结合"三全育人"教育理念，增加对习近平新时代中国特色社会主义理论等最新理论成果的学习掌握。

（2）价值导向层面，除了具备公共管理专业类共同的法治意识、公共精神、社会责任感外，还需强调医疗保险专业所体现的民生保障、公平正义、高效治理等理念，体现医疗保险专业政策性强的特点。

（3）专业素质层面，除了专业思维和研究方法之外，增加对创新精神、创业意识的培养，突出未来从事医疗保障事业的职业责任感。

（4）身心素质层面，结合"健康中国"战略和健康治理现代化的政策背景，针对大学生实际情况，增加健康行为生活方式的培养。

最终，形成医疗保险专业人才培养的素质目标，表述如下：

热爱祖国，拥护中国共产党的领导，掌握习近平新时代中国特色社会主义理论，牢固树立正确的世界观、人生观、价值观，爱国、诚信、友善、守法；具有高度的法治意识、公共精神、社会责任感，形成民生保障、公平正义、高效治理的理念，树立积极的人生态度；具备良好的专业素质，能够掌握本专业的思维方法和研究方法，增强创新精神和创业意识；具备良好的人文素养和科学素养，具备健康的体魄和良好的心理，养成健康行为生活方式。

素质目标是人才培养目标的集中体现，在"素质－知识－能力"的三维培养目标体系中具有引领性作用，决定了知识目标、能力目标的培养方向。因此，人才培养素质目标的实现程度体现了医疗保险专业培养目标的基本遵循，是医疗保险专业培养目标体系的出发点。

五、人才培养的知识目标

按照"公共管理专业类"人才培养基本要求，公共管理类各专业的知识要求包括如下三个方面。

思想政治理论知识。思想政治理论知识按国家规定执行。

通识类知识。包括人文学科知识、社会科学知识、自然科学知识以及创业基础、就业指导等知识。

专业类知识。包括学科基础知识、专业基础类知识和专业知识。

对于上述知识体系的培养目标，参与座谈的专家也提出了如下建议。

（1）思想政治理论知识方面，除了按照国家规定执行的马克思主义理论课和思想政治教育课之外，应结合医疗保障事业发展的现实需求，加强对国家治理体系和治理能力现代化、医药卫生体制改革、医疗保障事业高质量发展等相关政策及法律法规的教育，体现医疗保险专业的高度政策性，将思想政治教育内容与专业教育内容相结合，促进课程思政等教学方法的改革、落实。

（2）通识类知识方面，为了更好地体现厚基础、宽口径的教育理念，各学校可结合自身优势和特色，加强相关学科在人才培养方面的交叉融合，体现"四新"专业建设的改革要求，厚植医疗保险专业学生的通识基础。

（3）专业类知识方面，由学科基础知识、专业基础类知识和专业知识所构成的知识体系构成了本科专业教育的基本框架，关于每类知识模块所涉及的内容，参与座谈专家进行了广泛讨论，相关意见将在课程体系设置中加以体现。

其他的素质、能力目标的达成，有赖于人才培养过程中知识传授活动的开展。因此，医疗保险专业人才培养知识目标的制定与落实，需围绕人才培养质量的提升，实现有利于创新教学理念、改进教学方法的知识目标优化设计。知识目标在医疗保险人才培养的三维目标体系中，发挥着基础性作用，是整个目标体系的支撑点。

六、人才培养的能力目标

按照"公共管理专业类"人才培养基本要求，公共管理类各专业的能力要求包括如下内容。

除了掌握认识问题、分析问题和解决问题的基本能力，公共管理类各专业学生还应具备公共管理学科的思维理解能力（政策理解与分析能力、公共事务的认知与分析能力）、计划能力（制订工作计划能力、分解公共任务能力）、组织协调与沟通能力、管理服务能力、应急管理能力、团队合作能力、调查研究能力、信息处理能力、表达能力（语言与文字）等专业能力。

在此基础上，关于医疗保险专业人才培养的能力目标，参与座谈的专家形成了如下建议。

（1）学习理解能力。作为学科能力的基础，学生首先需要有效完成医疗保险专业的有关知识、理论、技术、方法的学习掌握，理解医疗保障制度的运行规律，正确认知医疗保障政策议题及实践现象。

（2）应用实践能力。从应用知识的角度出发，医疗保险本科专业学生应具备从事一般行政管理工作的计划、组织、协调沟通、团队合作等基本管理能力，同时还应重点掌握医疗保障实务工作的基本技能，如基金管理、医保支付、核保理赔等具体业务流程，特别是医疗保障管理中具体问题的解决能力，以及处理突发情况的应急管理能力等。

（3）创新研究能力。医疗保障事业发展具有极强的政策性，医疗保险专业人才需要具备开展政策研究的较强能力，如调查研究、文献研究，以及基本的政策分析、学术表达等能力，从而更加有效地指导医疗保障实践，提升从事医疗保障管理工作的综合能力。

因此，医疗保险本科专业人才培养的能力目标应该涵盖学习理解、应用实践、创新研究等不同能力层次，促进医疗保险人才专业能力的全面发展。人才培养专业能力水平的高低，是素质目标、知识目标在人才培养质量上的集中体现，能够反映医疗保险专业培养目标体系完成绩效，是整个目标体系的落脚点。

上述三个维度的培养目标，构成了医疗保险本科专业人才培养的目标体系，各维度目标之间相互联结、相互协同，共同保证了医疗保险本科专业的人才培养能够满足教育方针、教育规律以及社会发展的综合需要。

第二节　医疗保险专业的课程体系

一、课程体系的总体架构

课程体系是育人活动的指导思想、培养目标的具体化和依托，它规定了培养目标实施的规划方案。课程体系是指同一专业不同课程门类按照门类顺序排列，是教学内容和进程的总和，课程门类及其排列顺序决定了学生通过学习将获得怎样的知识结构。在医疗保险专业人才培养方案构建和专业建设实践中，课程体系是实现培养目标的重要载体，是保障和提高教育质量的关键。图 5 – 2 展示了公共管理类专业课程体系的总体框架。

在图 5 – 2 的基础上，将课程体系设计的重点放在专业类课程领域，进一步围绕学科分类，细化形成了医疗保险本科专业课程体系的总体框架，如图 5 – 3 所示。

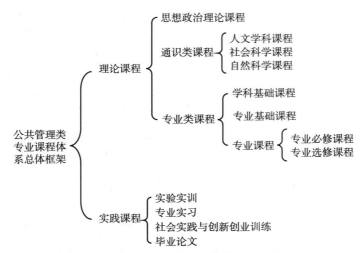

图 5 - 2 公共管理类专业课程体系的总体框架

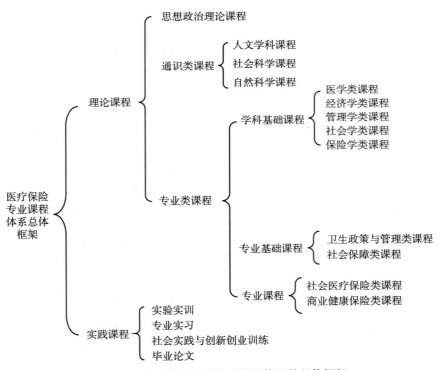

图 5 - 3 医疗保险本科专业课程体系的总体框架

专业类课程体系由学科基础课程、专业基础课程、专业课程 3 部分组成。由于医疗保险专业具有学科交叉属性，虽然主要从属于管理学科，但其研究对象与医学、经济学、社会学、保险学等其他学科门类也存在密切联系，因此将上述学科相关课程也纳入了学科基础课程的范畴。专业基础课程主要涉及卫生政策与管理、社会保障等学科方向，具体到专业课程，则主要包括社会医疗保险类课程和商业医疗保险类课程两方面。

二、学时与学分要求

按照公共管理类各专业总学分要求（140～160 学分），医疗保险专业的总学分也设置为 140～160 学分，其中，理论课程学分数不高于总学分数的 85%，实践课程学分数不低于总学分数的 15%。对各总学时各高校可根据总学分要求做适当调整。

三、理论课程设置

基于医疗保险专业课程体系总体框架的设计，将对各课程模块的课程设置进行探索，初步形成以专业类课程为主的课程体系设计方案，然后通过发放课题组自行设计的评价量表，由从事医疗保险专业教育的高校教师 253 人和从事医疗保障管理实务的工作人员 410 人对课程体系设计方案进行咨询论证，通过对理论及实践专家的评价情况进行分析汇总，结合对各高校医疗保险相关专业负责人、医疗保障机构高级管理者等重点人群的深入访谈结果，对课程体系设计方案进行修改、完善，进而形成可供医疗保险专业建设参考的课程体系。

1. 思想政治理论课程

思想政治理论课程的设置，主要按照国家关于马克思主义理论课和思想政治教育课的设置规定执行。在教学形式上可以探索由中央或地方医疗保障管理部门的高级管理人员开展政策讲座等方式，提升学生对医疗保险专业的认知程度，丰富和加强医疗保险专业课程思政建设。

2. 通识类课程

依据国家规定的教学内容，由各高校根据办学定位和人才培养目标，自行确定人文学科、社会科学、外语、计算机与信息技术、体育、艺术等相关通识类课程的设置。根据医疗保险事业发展需要，紧密结合新文科建设的改革趋势，加强大数据、智能化等相关课程的教学。

3. 学科基础课程

在进行医疗保险专业学科基础课程体系设计时，考虑医疗保险专业特殊的学科背景，结合前期专家座谈的意见，主要设计了医学类、经济学类、管理学类、社会学类等 5 个学科门类。对照《普通高等学校本科专业类教学质量国家标准》公共管理类的课程设置意见，去除了政治学类、法学类，增加了医学类、社会学类、保险学类。政治学类、法学类课程与医疗保障事业的关联度相对较弱，相关课程可归入管理学类、社会学类。增加医学类课程主要是由于医疗保险专业与医学学科的理论知识具有较强关联，尤其是学生未来从事医疗保障实务工作时，不可避免地将要处理与医疗服务有关的具体业务，作为未来的医疗保障管理者，必须对医疗服务提供方及提供过程具有较为深入的了解。社会学类课程，则主要将为医疗保险专业开展调查研究等提供方法论支持。保险学类课程虽然从属于经济学学科，但由于其与医疗保险专业具有较强的学科联系，是开展医疗保险研究的理论基础，因此将其单独列为一个学科门类。

针对上述 5 个学科门类，设计了评价量表，由高校教师和实际工作人员分别对各学科类课程的重要性进行赋值，分值在 1~5 分，分值越高则重要性越强，结果如表 5-1 所示。

表 5 – 1　　　　　　　高校教师和实际工作人员对医疗保险

专业的学科基础课程评价结果

学科基础课程门类	高校教师			实际工作人员		
	平均值	标准差	中位数	平均值	标准差	中位数
医学类课程	4.322	0.983	5.000	4.298	1.018	5.000
经济学类课程	4.012	1.968	5.000	3.783	1.067	4.000
管理学类课程	4.513	1.006	5.000	4.029	1.008	4.000
社会学类课程	3.907	0.954	4.000	3.807	0.981	4.000
保险学类课程	4.167	0.987	5.000	4.276	0.996	5.000

　　由表 5 – 1 可以看出，高校教师和实际工作人员对医学类课程的重要性均给予了较高的赋值，在 5 个学科门类的课程体系中平均赋值最高，这也说明了医疗保险教育工作者和实践人员均认为医学类课程应当在医疗保险专业人才培养中得到加强。管理学类和保险学类课程的平均赋值也超过了 4 分，说明其在医疗保险专业培养过程中也具有较强的学科基础作用。社会学类、经济学类课程得分相对较低，反映出调查对象对这两个学科门类重视程度较弱。上述现象，反映了当前医疗保险教育和管理者对于相关学科领域的认知状况，可为今后调整医疗保险专业的学科基础课程设置起到引导作用。同时也应注意到，本次调查对象自身的教育背景也对其选择具有一定的影响，如出自医学院校的教师和实际工作者对于医学类课程的重视程度较高。

　　课题组在调查中还以开放式问题的形式，了解了高校教师和实际工作者对于医疗保险专业的学科基础课程设置的具体意见。其中，调查对象提出需要增加设置的学科基础课程主要包括：在医学类课程中增加心理学相关课程，在管理学类课程中增加公共关系学、风险管理等课程，在经济学类课程中增加会计学、财务管理等课程，在社会学类课程中增加人口学、社会心理学等课程，在保险学类课程中增加保险精算学、保险产品设计等课程。

4. 专业基础课程

设计的专业基础课程主要包括卫生政策与管理、社会保障两大类，具体包含了卫生经济学等10门具体课程。我国的医疗保障体系建设是基本医疗卫生制度的重要组成部分，医疗保障制度改革也是医药卫生体制改革的重要环节，因此，卫生政策与管理类课程构成了医疗保险专业重要的专业基础课程，将为医疗保险专业学生理解医疗保障制度及其运行规律提供理论基础。同时，医疗保障体系作为社会保障体系的功能子系统，与养老、失业、工伤等其他的社会保障子系统之间也具有普遍共性，社会保障理论及实践相关课程也应作为医疗保险专业的专业基础课程加以设置。

首先由高校教师和实际工作人员对医疗保险专业基础课程的两个门类进行评价，然后对具体的10门课程分别进行赋值评分，评价结果如表5-2所示。

表5-2　　　　　高校教师和实际工作人员对医疗保险
专业基础课程评价结果-1

专业基础课程	高校教师			实际工作人员		
	平均值	标准差	中位数	平均值	标准差	中位数
卫生政策与管理类	4.543	1.064	5.000	4.212	0.972	4.000
社会保障类	4.689	1.012	5.000	4.136	0.954	4.000

由此可以看出，调查对象对两类专业基础课程的重要性评价均较高，反映出这两个学科方向对于医疗保险专业人才培养均具有较强的专业基础作用。

通过对医疗保险专业具体涉及的专业基础课程进行分析（见表5-3），可以看出，在卫生政策与管理类课程中，高校教师对卫生经济学、卫生事业管理学、卫生政策学的重要性赋值评分较高，其次为卫生法学、医院管理学、药物经济学。实际工作人员对卫生事业管理学、医院管理学的重要性赋值评分较高，其次为卫生法学、卫生政策学、卫生经济学，其中药物经济学的重要性赋值评分相对较低。在社会保障类课程中，高校教师对社会保险学的重要性赋值评分较高，其次为劳动经济学、社会福利学、劳动与社会保障法。实际工作人员对社会保险学、劳动与社会保障法的重要性赋值评分较高，其次为劳动经济学、社会福利学。

表 5 - 3　　　　　高校教师和实际工作人员对医疗保险
专业基础课程评价结果 - 2

专业基础课程	高校教师			实际工作人员		
	平均值	标准差	中位数	平均值	标准差	中位数
卫生经济学	4.476	1.010	5.000	3.946	1.017	4.000
卫生事业管理学	4.234	1.020	5.000	4.044	1.024	4.000
卫生政策学	4.035	1.046	5.000	3.959	1.028	4.000
卫生法学	3.849	1.005	4.000	3.961	1.039	4.000
医院管理学	3.987	1.021	4.000	4.005	1.070	4.000
药物经济学	3.773	1.070	4.000	3.600	1.121	4.000
社会保险学	4.372	1.021	5.000	4.086	1.023	4.000
劳动经济学	3.658	0.097	4.000	3.723	0.098	4.000
社会福利学	3.587	0.099	4.000	3.654	0.098	4.000
劳动与社会保障法	3.541	1.005	4.000	4.027	1.013	4.000

在调查过程中，还以开放式问题的形式征集了调查对象对医疗保险专业的专业基础课程的设置，比较集中地提出需要增加的专业基础课程还有社会医学、健康管理学等。根据上述分析结果，专业基础课程设置应当在保留必修主干课程的基础上，更多地增加不同学科方向的选修模块，为改进医疗保险专业人才培养质量奠定更加坚实的理论和方法基础。

5. 专业课程

医疗保险本科专业的专业课程模块，主要由社会医疗保险类课程和商业医疗保险类课程两大门类构成。社会医疗保险是我国医疗保障体系的主体，从医疗保险专业学生未来就业去向来说，掌握社会医疗保险经办与管理的具体实务，是医疗保险专业人才培养的核心能力目标所在。同时，商业医疗保险及健康管理服务等相关领域的蓬勃发展，为医疗保险专业学生提供了广阔的就业、创业空间，也应当成为医疗保险本科专业的专业课程的重要组成部分。

在前期对开办医疗保险相关专业院校的调研基础上，选择了医疗保险学等 10 门课程作为评价对象，仍由上述高校教师和实际工作人员对这些课程的重要性进行赋值评分，得到表 5 - 4、表 5 - 5 的评价结果。

表 5 - 4　　　　　高校教师和实际工作人员对医疗保险
专业基础课程评价结果 - 1

专业课程	高校教师			实际工作人员		
	平均值	标准差	中位数	平均值	标准差	中位数
社会医疗保险类	4.565	1.007	5.000	4.466	0.898	5.000
商业医疗保险类	4.372	1.032	5.000	4.061	1.051	4.000

从表 5 - 4 中可以看出，总体而言，调查对象对社会医疗保险类课程的重要性赋值评分较高，而对商业医疗保险类课程的重要性赋值评分相对较低。

表 5 - 5　　　　　高校教师和实际工作人员对医疗保险
专业基础课程评价结果 - 2

专业基础课程	高校教师			实际工作人员		
	平均值	标准差	中位数	平均值	标准差	中位数
医疗保险学	4.603	1.002	5.000	4.529	0.896	5.000
医疗保险统计学	4.543	1.007	5.000	4.324	0.981	5.000
医疗保险基金管理	3.906	1.143	5.000	4.295	1.050	5.000

续表

专业基础课程	高校教师			实际工作人员		
	平均值	标准差	中位数	平均值	标准差	中位数
医疗保险支付方式	3.872	1.126	5.000	4.322	1.022	5.000
医疗保险国际比较	3.784	1.105	5.000	3.946	1.048	4.000
医疗保险法律制度	3.485	1.087	4.000	4.059	1.024	4.000
健康保险学	4.035	1.035	5.000	4.022	1.038	4.000
健康保险营销学	3.512	1.106	4.000	3.602	1.141	4.000
健康保险市场调查与预测	3.572	0.976	4.000	3.790	1.101	4.000
健康保险核保与理赔	3.856	1.005	4.000	4.024	1.114	4.000

由表 5-5 可以看出，医疗保险学、医疗保险统计学、医疗保险支付方式、医疗保险基金管理等社会医疗保险类课程的重要性赋值评分显著较高，而健康保险营销、健康保险市场调查与预测等商业医疗保险类课程的重要性赋值评分相对较低。这一现象反映出医疗保险专业教育人员和实际工作者均对社会医疗保险类课程表示了更高程度的重视，而对商业医疗保险类课程的重视程度不足。然而，结合对医疗保险相关专业本科毕业生就业去向的研究，在接受调查的 37 所高校中，有多达 26 所高校的专业负责人反馈，其学生就业的第一去向为保险公司或企业。因此可见，针对这一就业需求倾向，商业医疗保险类课程在医疗保险专业的专业课程设置中未得到足够的重视。

在调查过程中，还以开放式问题的形式征集了调查对象对于专业课程设置的具体意见。其中，反映比较集中的需要增加的专业课程包括疾病分类与编码管理、长期护理保险理论、医疗保险信息化管理等，这可为医疗保险专业课程设置的完善提供参考。

根据上述研究结果，通过进一步对前期研究选取的各高校医疗保险专业负责人开展关键知情人访谈，并充分结合全国医疗保险专业规划教材第一轮编写及在各高校使用的经验，研究界定了医疗保险学、医疗保险统计学、医疗保险基金管理、医疗保险支付方式、医疗保险国际比较、医疗保险法律制度 6 门课程作为医疗保险专业人才培养的核心必修课程。进而围绕课程目标、主要内容、教学建议等方面进行初步设计，形成了如表 5 - 6 所示的医疗保险专业核心课程标准。

表 5 - 6 　　　　　　　　医疗保险专业核心课程标准

课程名称	课程目标	主要内容	教学建议
医疗保险学	掌握医疗保险学的基本理论与基本知识，培养分析和解决医疗保险实际问题的能力	医疗保险基本理论、方法和技术，医疗保险范围和医疗保险管理，医疗保险基金的筹集和管理，医疗保险的法律制度和监督，医疗保险评价和政策分析，国内外医疗保险制度发展与改革，补充医疗保险等	作为最重要的主干课程，应注重对医疗保险运行规律的理论揭示，并结合中国基本医疗保障制度体系建设，加强学生的实践意识和应用能力
医疗保险统计学	结合医疗保险研究设计与实施的流程，掌握与医疗保险科研及实际应用较为密切的统计学理论与方法	医疗保险研究设计、数值变量资料统计描述、数值变量资料统计推断、方差分析、线性回归分析、相关分析、非参数统计、Logistic 回归、常用综合评价、医疗保险统计报表体系等	围绕医疗保险研究与实际应用的需要，增强学生统计分析能力，并拓展培养其独立开展科研活动的创新能力
医疗保险基金管理	熟悉我国医保基金运行的现状，掌握医疗保险基金管理的基本制度及主要方法	医疗保险基金管理与政府、市场的关系，医疗保险基金管理的基本框架、基本原理，医疗保险基金的筹集、给付、投资、财务、会计、统计管理，风险控制及监督管理	结合财务管理、会计学、统计学等经济学理论与方法，重点加强学生从事医疗保险基金管理的实践能力
医疗保险支付方式	掌握医疗保险支付方式的运行原理、发展历程、优势与缺陷、实践应用等，提高医疗保险支付管理实务能力	医疗保险支付方式的理论和机制，按服务项目支付方式、DRGs 支付方式、DIP 支付方式、按床日支付方式、按人头支付方式、按比例分担支付方式、对医务人员绩效的支付方式、支付方式监测与评价等	紧密结合医疗保险支付方式改革的最新进展，开展案例和实践教学，重点培养学生运用 DRGs、DIP 等支付方式的操作能力

课程名称	课程目标	主要内容	教学建议
医疗保险国际比较	了解国外医疗保险发展现状，掌握国外主要的医疗保险制度及其对我国医疗保险制度的借鉴	典型国家的医疗保险模式，国家（政府）医疗保险模式，社会医疗保险模式，商业医疗保险模式，储蓄医疗保险模式，国外医疗保险管理新进展与改革趋势，国外医疗保险制度的借鉴意义	追踪国际医疗保险制度建设实践及医疗保险理论研究前沿，可尝试开展双语或英语教学
医疗保险法律制度	了解规范医疗保险关系和业务活动的法律体系，培养运用法律法规解决医疗保险实践问题的能力	医疗保险法律制度体系的构成、类型和演变历程，社会医疗保险法律制度，商业健康保险法律制度，医疗卫生相关法律制度，社会保障相关法律制度等	重点培养学生的法治意识，结合医疗保险运行实践加强法律实务能力培养

四、实践课程设置

实践教学环节是医疗保险专业人才培养的关键环节，对于锻炼医疗保险专业学生的实践技能、培养其职业精神、促进创新创业能力、提升就业质量，均具有重要意义。医疗保险本科专业的实践课程主要包括实验实训、专业实习、社会实践与创新创业训练、毕业论文 4 个模块。

1. 实验实训

医疗保险相关业务流程具有较强的操作性，可通过开展实验课程加以训练，提升学生对于医疗保障制度运行的直观认知，激发其未来从事医疗保障事业的积极性。在实验课程建设方面，结合国家虚拟仿真实验项目的原则要求，加强医疗保障类虚拟仿真实验项目的开发和建设，改善医疗保险专业学生开展实验实训教学的物质条件，为医疗保险专业建设搭建信息化、智能化平台。

2. 专业实习

各专业应根据教学安排组织学生围绕专业内容开展专业实习。医疗保险专业实习应围绕医疗保障管理实践展开，实习地点可选择地方医疗保障局、卫生健康委员会、人力资源和社会保障部门等政府管理部门，医疗保险结算中心、医院及各类医疗机构的医疗保险经办部门等事业单位，或各类承担医疗保险业务的保险公司、健康管理服务机构等企业或社会组织。各高校应与学生实习单位建立起协作关系，建设专业实习基地。

实习应安排在专业课程教学完成之后，实习时间不少于 4 周。

3. 社会实践与创新创业训练

社会实践是对学生进行思想政治教育和社会工作能力锻炼的重要载体，内容包括志愿者服务活动、领导力训练等。医疗保险专业学生的社会实践应体现出专业特色，结合国家和地方经济社会发展需求，运用专业知识和技能参与医疗保障相关领域的建设与发展。诸如积极参加医疗保障扶贫、医疗保障基金治理等社会活动，在实践中培养学生的专业技能和社会责任感。

创新创业训练是实践教育教学的重要组成部分。医疗保险本科专业培养方案中应对学生的创新创业学分提出明确要求。创新创业学分的获得方式应多样化，专业应经常组织学术讲座、现场调研等学术活动，本科学生可通过撰写社会研究报告、提交讲座心得等方式积累创新实践经验，提升综合研究能力。同时也可通过参加"大学生创新创业训练计划"以及各类大学生实践教学赛事，获得相应的创新创业训练学分。

4. 毕业论文

毕业论文是医疗保险本科专业人才培养效果的集中体现，代表了学生四年学习的总体质量。医疗保险本科专业学生应在第四学年独立完成 1 篇毕业论文的撰写。

毕业论文与综合训练可采取学术论文、项目设计、调研报告、项目分析报告等多种体裁形式完成。

毕业论文选题要求：符合医疗保险学科研究方向，能有理论或实践的贡献，选题应加强解决医疗保障事业改革发展中具体问题的实践性导向。

毕业论文内容要求：应综合运用所学的理论与专业知识、满足专业综合训练要求。内容应包括选题的背景、意义，相关重要文献，研究设计、数据、案例或其他实证材料，分析讨论对策、结论、局限和未来研究等。

毕业论文的完成过程及成果要求：毕业论文的协作应符合专业学术规范。鼓励学生创新，使其尽可能根据自身兴趣，结合医疗保障管理实践中的问题，在指导教师的指导下开展和完成毕业论文与综合训练。

毕业论文的指导要求：应为本科生选配毕业论文与综合训练的指导教师。指导教师应由本专业具有中级及以上专业技术职务的教师担任，必要时可聘请专业实务部门有关人员共同指导。指导教师应加强选题、开题、调研、设计、撰写等环节的指导和检查，强化专业规范。毕业论文完成后，指导教师必须认真通读论文，写出评语和推荐意见。

上述 4 个模块构成了医疗保险专业实践课程设置的主要内容，共同致力于提升医疗保险专业实践教学能力，促进医疗保险专业人才培养目标的实现。

第三节　医疗保险专业的质量保障体系

医疗保险本科专业建设的质量保障体系建设，是在人才培养过程中，综合发挥目标导向、条件保障、激励约束、监督控制功能，使教育结果最大程度地与一定的质量标准相适应、与社会公众的需求和期望相适应的体系。统筹构建长效的质量保障体系，是医疗保险专业内涵式发展的重要着力点，是保证医疗保险专业教育有效服务社会需求、提高专业建设质量的迫切需要。

高等教育质量保障体系，是为确保并有效提高高等教育质量而建立的集目标、资源、管理和运行于一身的一整套系统，一般由外部质量保障体系和内部质量保障体系两部分构成。外部质量保障体系的构建和实施主体是政府或者社会第三方机构，内部质量保障体系的构建和实施主体则是高校自身。质量保障体系主要侧重于高校内部质量保障体系建设，主要由医疗保险专业教育质量的运行系统、动力系统、评价系统3个子系统构成，如图5-4所示。

图 5 - 4　高校医疗保险专业的质量保障体系

一、全方位全过程的专业教育质量监管制度

从运行系统入手，应建立以全方位全过程监管为导向的医疗保险专业教育质量监管制度，具体包括教育资源配置的监管制度和教学过程监管制度。

医疗保险专业教育资源配置的监管制度主要涉及专业教育开展的人力、物力、财力资源，以及知识、信息和技术资源。人力主要是指师资队伍的数量与结构、人力培训和发展、学生状况等，财力具体指投入或获得的经费，物力具体指教育教学场所以及相应的教学设备等。人财物等资源是医疗保险专业内部质量保障体系中的硬件支撑系统，而知识、信息和技术资源，则主要指影响专业教育质量的思想、观念、规范和方法等，它们构成了专业质量保障体系中的软件。现代高等教育的资源配置管理，不仅要重视作为教育活动开展基础的硬件条件，还需要合理运用先进管理理念等软件资源，进而优化人财物等硬件资源的配置，充分发挥其配置效率。

医疗保险专业教学过程监管制度的构建，需要树立向过程要质量的意识，强化教学规范建设，不断完善备、教、批、辅、考、评等各教学环节的管理规范，将质量监控贯穿人才培养的全过程，具体应包含以下相关制度建设。

课堂教学质量监管制度。课堂教学是专业教育的主要阵地，课堂教学质量的全过程监管应从课程大纲要求、教材建设与选用、教师行为规范、教学差错与事故认定、学生学习纪律要求、课堂考核办法、学生评教等环节加以展开，明确各环节质量的监控关键点，促进课堂教学质量改进。

实习实训质量监管制度。实习实训质量监管是提升学生实践能力的重要环节，需从实习指导办法、实习考核要求、实习效果评价等维度加强对于学生实习实训质量的过程监控。

毕业论文质量监管制度。毕业论文作为学生培养成效的综合体现，能够集中反映人才培养的质量水平，应从毕业论文规范要求、毕业论文指导办法、毕业论文评价标准等方面系统完善其质量监控制度。

教育教学检查制度。集中开展专业教育教学秩序检查，围绕教风、学风，对专业课堂教学质量、成效等进行分析评判，汲取成功经验，查找不足和差距，形成专业教学质量年度报告，是提升专业教学质量的制度保障。在检查过程中应注重工作自评和外部监督两种手段的结合，完善专业教学质量保障体系。

二、全员深度参与的专业教育质量动力机制

从动力机制的角度来看，医疗保险专业教育质量保障体系的构建需要充分调动教师、学生、管理者等多方面的参与积极性，其中最重要的是教与学两方面的积极性、主动性和创造性。通过构建合理的激励约束机制，促进专业师生更好地服务于立德树人这一人才培养的总体目标，促进专业建设水平持续提升。

学生是教育质量保障体系参与主体中最活跃、最基本的因素，离

开学生的有效参与，任何教育教学活动都无法运行，人才培养和专业建设目标也无从实现。因此，提升学生在专业教育中的参与意识、参与能力，是构建医疗保险专业教育质量动力机制的关键所在。

当前医疗保险专业教育领域，主要采取的是学生参与机制有学生评教机制、毕业生跟踪反馈机制等。学生评教机制是获取学生对于教育教学活动意见反馈的主要途径，学校可根据不同的课程类别及时修改评教指标，保证学生评教的客观性和有效性。同时，应强调过程评教，摒弃传统的期末评教形式，确保学生的意见及时反馈给教师，帮助教师提升教学水平。毕业生跟踪反馈机制是对已就业的毕业生，在其参加工作一定时间内，对其进入职业岗位后对所学专业知识技能的运用能力、适应能力、创新能力、职业道德等综合表现的系统调查。毕业生跟踪调查结果可用于监测学生就业与职业发展状况，帮助学校反思、改进人才培养方案。除了上述机制外，还应当注重对学生在校学习及发展情况，如学习动机、学习习惯、师生及同伴互动等情况进行系统评价，加强对学生在学业规划、学习困惑、专业选择发展等方面的综合辅导，提升学生在专业教育过程中的参与水平。

教师作为教学质量保障体系中发挥主导性作用的因素，其参与能力的高低，也直接影响了医疗保险专业教育质量动力机制能否有效发挥作用。从教学管理角度来看，对教师的有效激励是提升专业教育质量动力的重要保证。一方面需要在专业教师团队中营造全员参与氛围，通过组织开展不同层级、不同类型的教学研究活动，以互相听课、同行评价等方式加强教师之间的沟通交流，促进整体教学质量的提升；另一方面需要制定教育教学持续激励计划，关注教师课堂技能和水平的提升。通过设立教学奖项和评选活动，鼓励教师积极开展教育教学的创新。举办各类形式的教师教学能力比赛和公开课活动，推进专业教师参与学校内外的专业教育教学相关工作。

三、以学生为中心的专业教育质量评价体系

教育质量评价是对医疗保险专业质量教育目标、标准、资源配

置、运行效率及效果等方面进行的综合评价，是了解专业教育质量
情况、分析诊断专业教育中存在问题的主要途径。构建医疗保险专
业教育质量评价体系，是获取专业教育质量信息，完成信息反馈，
促进教育质量持续改进的重要管理工具。作为当前教育改革的重要
趋势，"以学生为中心"要求高等教育决策者将学生视为教育改革
的主要参与者，重点关注学生的发展及其需要，教育质量保障也需
要进一步向学生聚焦，构建以学生为中心的医疗保险专业教育质量
评价体系。

医疗保险专业教育质量评估，应以专业内涵建设为依托，强化专
业特色凝练，持续开展本科专业校内评估，专业建设要积极学习世界
知名高水平大学办学经验，确立标杆、开放办学。在评估理念上，需
要坚持以学生为中心，重点突出对学生的学习成效和成长发展进行综
合评估，确立形成性评估与诊断性评估相结合的评估定位，专业自评
与学校他评相结合的评估方式，并将评估结果及时应用于专业教育质
量持续改进过程之中。

为此，本书制定了以学生为中心的医疗保险专业教育质量评价的
工具体系，如表5-7所示。

表5-7　　以学生为中心的医疗保险专业教育质量评价体系

评估项目	评估要素	评估要点
学习成效	专业素养	思想政治素质、人文素质、专业精神
	课堂学习效果	学生学业成绩、外语能力、计算机能力
	实践技能	学生参与社会实践、创新创业训练成果
	就业能力	毕业生就业情况、用人单位对毕业生评价
学生发展	招生及生源	生源数量、质量及吸引优秀生源措施
	学生指导与服务	学生指导与服务的内容、组织、条件保障
	学风建设	学风建设的措施与效果

运用上述评价工具体系，可对医疗保险专业教育质量开展专业自

评，并以此为依据，对专业人才培养方案的落实情况进行跟踪性评价，进而发现影响专业人才培养成效的关键领域，有针对性地采取绩效改进措施。通过实施以学生为中心的专业教育质量评价，有助于真正发挥学生在教育教学中的主体地位和作用。

第六章
新时代医疗保险人才
培养策略

第一节　注重顶层设计以明确医疗保险专业发展方向

一、强化医疗保险专业社会认知

医疗保险高等教育经过不断地实践探索，无论在人才培养的数量，还是在社会医疗保险改革和商业健康保险发展方面，都取得了一定的成绩，做出了突出贡献，得到了用人单位和社会的广泛认可。然而，这一专业仍然属于新兴专业，不被社会所熟知，社会各界对其认识还不够深入。加强社会认知是保障医疗保险专业健康发展的重要环节，但在宣传过程中如果仅仅依靠各个院校显然不够，这不仅会增加院校办专业的成本，还容易带来一些负面影响，造成社会对专业产生抵触情绪。因此，教育主管部门应统一组织、实施正面的引导和宣传，通过政策强化社会对医疗保险专业的信任和认可，医疗保险专业培养高校应广泛动员各级力量，加大专业宣传力度，让社会深入了解专业的内容、性质，尤其是专业发展优势和满足社会需求的紧迫性。

二、推进医疗保险专业名称统一

用人单位"被调查对象第一学历所在专业"调查结果显示，虽然大多数被调查对象第一学历所在专业均可以归为医疗保险相关专业，但不同高校之间专业名称存在较大差异。医疗保险专业作为一门新兴专业，高校间不统一的专业名称并不利于增进社会对医疗保险专业的理解和认可，这会导致医疗保险专业被考生和家长有选择性地忽略，阻碍医疗保险专业发展。因此，政府有关部门应出台相关政策措施，推进医疗保险专业名称统一，促进该专业规范化发展。

三、促进专业教育与就业衔接

调查结果显示，目前医疗保险专业毕业生就业对口度并不十分理想，有相当数量的毕业生反映难以找到对口的工作。本书分析认为，医疗保险专业人才供给与社会需求脱节的主要原因包括市场对医疗保险专业人才需求状况了解不够、部分事业单位准入门槛高。因此，政府应牵头建立起医疗保险专业教育与就业的联动机制，帮助医疗保险专业跟踪了解市场需求变化。加强与学校的合作，更多采取校园招聘模式进行招聘，同时应设立医疗保障部门报考专业背景限制，甚至采取"订单式"医疗保险人才培养方式，增强招聘的针对性，从而保障医疗保险专业毕业生就业，推动医疗保障事业健康发展。

第二节　强化专业定位以完善医疗保险人才培养方案

一、明确医疗保险专业定位

部分医疗保险专业负责人指出，专业定位不清晰，专业就业面过于"求宽""求全"是目前医疗保险专业存在的突出问题。四年的本科层次教育，要培养出既有较强实践能力的学生，同时还要掌握多学科的专业知识，对学生的综合要求过高，专业优势凸显不够。而不够清晰准确的专业定位会导致学校办学压力大、教师授课压力大、学生学习压力大，培养结果并不十分理想。因此，有关高校在制定医疗保险专业人才培养方案时应注重体现医疗保险专业定位，应将专业学生定位于应用型、实践型人才，明确专业教育目标，着重开设应用型实践型课程，在此基础上根据学生个人能力以及就业意向分层次进行专业方向人才的培养。

二、优化医疗保险课程体系建设

医疗保险专业是一门交叉性极强的学科，涉及医学、管理学、经济学、保险学、社会学等多学科、多领域的专业知识。然而，要全面开设所有课程显然不现实，只能根据专业体系构建和人才培养需求，选择性开设课程。从调查结果可知，用人单位对于医疗保险专业开设课程总体认可度较高，其中对于贴近医疗保障和卫生事业管理的课程普遍具有较强的认可度，而对于更加偏向理论的经济学管理学等课程认可情况相对较差。因此，有关高校应从培养实践型人才的角度出发，注重在医疗保险课程体系中体现实践导向，确保培养出的医疗保险专业人才符合社会需求。

三、搭建医疗保险专业实验实践平台

从调查结果可以看出，用人单位对于医疗保险专业毕业生的需求偏好主要集中于要求医疗保险专业毕业生具备较强的实践和动手能力，而强化实践能力最好的途径和方法是开展实训教学。对于医疗保险专业而言，实训教学又可以分为课内实训和课外实训，其中，课内实训可以通过模拟实训教室进行的实践教学活动等，课外实践则可以通过建立校地合作基地等实现。因此，各高校间应搭建统一的、高质量的医疗保险专业实践平台，以增进不同高校医疗保险专业间实践交流，保证实践教学水平，提升医疗保险专业人才实践能力，这对于完善专业人才培养路径具有重要意义。

第三节 坚持"引－培结合"，推进 医疗保险师资队伍建设

一、放宽医疗保险专业教师引进渠道

在开办医疗保险专业的 42 所高校中，总体师资数量较少，师资力量相对薄弱。课题组分析认为，目前国内并无医疗保险相关专业博士点，而高校专业教师较高的准入门槛，使得目前从事医疗保险专业教学的教师大多源自其他专业，同时严格的高校教学规章也使得一批具有较强实践能力，但学历不符合标准的医疗保险实务人才无法走进高校课堂。医疗保险专业作为一门应用型较强的专业，既要注重理论培养，同时也要注重实践能力培养，目前，实践型教师的缺乏使得医疗保险专业学生理论知识与实践能力结合受到一定影响，不利于形成专业化、一体化的人才培养体系。因此，高校在招聘优秀理论课教师的同时，灵活聘用校外实务经验丰富的医疗保险专业优秀人才担任实践导师，完善校内教师队伍结构，提高教学质量，使优秀的医疗保险实务人才将工作中的丰富经验与实践带到高校课堂中，促进学生在获得理论知识的同时，汲取实践经验。

二、加大医疗保险专业师资培养力度

医疗保险专业教师队伍专业背景大多以管理学、社会学、经济学及医学为主。多元学科背景的专业教师在开展医疗保险相关专业教学工作后，会面临知识结构不合理、专业教师缺乏、专业教学质量不高等问题。同时，单纯的理论学习而对医疗保险专业实际工作情况缺乏了解，会使得教师队伍理论水平虽然较高，但实践操作能力和问题分析能力不足。因此，应当增设相关专业学位点，培养更

多专业化的医疗保险专业教师，完善师资培养制度，创新实践教学方式，引导教师既熟练掌握医疗保险专业理论知识，又具备医疗保障实践工作经验，使高校教师的专业知识与医疗保障的发展实际接轨。同时，应当注重医疗保险专业青年教师的培养，加大青年人才培养力度，创新带教方式，使得青年教师能够尽快适应并融入医疗保险专业教学工作。

三、建立医疗保险专业师资队伍考评机制

建立一支理论实践相结合、教学质量过硬的医疗保险专业教师队伍，不仅要具备有效的引入与培养机制，还应当有一套成熟完善的考评机制。建立医疗保险专业师资队伍考评机制可以有效提升教师工作绩效水平，推动教师的自我完善与教学实践提升。因此，本书研究认为，应当完善专业教学质量保障体系，科学构建多元化、多层次的教学质量评价和监督机制；建立学生评教制度、教学督导制度，及时对教师的教学提出意见和建议；定期开展教师自评，及时发现和解决教学过程中的问题，切实保障教学质量等举措。此外，还可建立不同高校之间医疗保险专业教师的统一考评标准，使不同高校医疗保险专业教师形成交流，进而提升整体教学水平。

第四节　基于需求导向以培养符合社会实际需求的医疗保险专业人才

一、扩大医疗保险专业本科生招生规模

当前，开设医疗保险专业的高校数量较少，医疗保险专业毕业生总人数并不多，而用人单位岗位缺口较多，难以满足自身需求，这导致医疗保险专业人才培养数量与我国医疗保障事业的发展现状存在脱节。因此，本书研究认为，医疗保险专业发展应当在完善人才培养方

案、加强人才质量保障、明确毕业生就业方向的基础上，进一步扩大医疗保险专业学生的招生规模，应充分总结发挥现有医疗保险专业开办成功的经验和优势，增加开设医疗保险专业的高校数量，扩大人才招聘数量，从而培养出更多高素质的医疗保险专业人才，以此满足医疗保障事业发展中存在的人才需求缺口，确保医疗保障事业健康发展。

二、建立"政－企－校"人才联合培养模式

开办医疗保险专业的根本目的是为用人单位培养可依赖的专业人才，因此，用人单位对毕业生的评价成为衡量专业培养目标和培养效果的重要依据。根据本书研究结果可知，目前相关政府部门和企业是医疗保险专业毕业生的主要就业去向，其对医疗保险专业人才的培养具有重要参考价值。因此，教学平台建设过程中应当引入政府、企业等相关用人单位，共建实训基地，搭建合作平台，促进政府、企业和学校人才培养模式协同发展，形成三方的人才培养资源共享机制以及人才培养过程中的沟通协调机制，在专业建设、课程建设、师资建设、实习实训、教学评价等多方面进行合作交流，形成连续型人才培养通道。

三、优化医疗保险专业毕业生职业准入机制

医疗保险专业培养人才的根本目标是要让毕业生为社会医疗保障事业贡献力量，不仅要解决毕业生就业问题，更要尽可能地提高就业质量，使学生所学与就业岗位所需相符合，提高毕业生的就业满意度。本书研究发现，用人单位工作人员专业背景与医疗保障不对口现象比较明显，由此推断，当前用人单位虽然对于医疗保险专业人才的需求旺盛，但多数毕业生仍然没有对口就业。上述供需矛盾的根源在于医疗保障对口单位大多需要通过公务员招考、地方事业单位考试等渠道进入，准入门槛高，要求严，且招聘人数相对较少。因此，政府部门需进一步优化医疗保险专业人才招聘方式，采取公务员考试、事

业编制考试和其他方式相结合的招聘方式，扩大医疗保险专业人才招聘渠道；应当设置医疗保险专业性要求，优化医疗保险专业毕业生职业准入机制；同时，各有关高校应加强与医疗保障相关单位的衔接和沟通，努力培养医疗保障事业适用人才。

第七章
高校医疗保险人才
培养案例

第一节　安徽医科大学医疗保险人才培养案例

一、培养目标、专业定位、历史沿革和特色优势

1. 专业名称

劳动与社会保障。

2. 培养目标

本专业致力于培养德、智、体、美、劳等全面发展，掌握医药卫生、现代管理、社会保障理论与实务等方面知识，专业基础知识扎实，业务知识面宽，能在社会保障、医疗保险等部门从事保险经营与管理，并具有理论研究基本潜能的复合型人才。

3. 专业定位

本专业坚持立德树人，立足安徽，面向全国，力争一流，以新医科建设为抓手，着力创新"三全育人"机制，培养德、智、体、美、劳等全面发展的复合型应用人才。以医科大学的医科为依托，将临床医学优势充分融入本专业人才培育中，基本形成"多门学科融合、医学优势突出、个性素养凸显"的专业定位。

4. 历史沿革

劳动与社会保障专业起源于 1997 年创办（省内率先、国内较早）的公共事业管理（医疗保险）专业，以医疗保险人才培养为特色。2009 年依据国家专业目录调整，经申报，更名为劳动与社会保障专业，并在同年获批，学制四年，授予管理学学士学位。2013 年进入一本招生，年招生 30～60 人，文理兼收。

5. 特色优势

经 20 多年发展，紧密结合健康中国战略背景下的社会需求与发展，立足于医疗保险特色，以建设省级医疗保险教学团队、主编国家级规划教材、建立专业教育教学质量标准及开展社会服务与科学研究等一体化的优势，形成特有的劳动与社会保障专业人才培养模式，全力培养掌握医疗保障基本理论、基本知识与技能等，能在各级社会医疗保险机构、商业保险机构、医疗机构、高等院校、其他企事业等单位从事医疗保障领域管理、服务和研究等工作的专业型人才。

二、毕业生就业（升学）情况

根据安徽医科大学 2018～2020 年毕业生就业质量年度报告显示，劳动与社会保障专业 2018～2020 年向社会输送毕业生 138 人，初次就业率均在 90% 以上，升学率最高接近 50%，毕业生就业质量高。

三、获省部级及以上奖励和支持情况

劳动与社会保障专业注重实践教学内容的改革与创新，获得安徽省教学成果三等奖、省级专业综合改革试点项目各 1 项，同时，获多项国家级和省级多项教学研究等质量工程项目支持。

四、深化专业综合改革的主要措施和成效

1. 主要举措

（1）师德师风建设。坚持把师德师风作为教师素质评价的第一标准，健全师德考核制度，推动师德建设常态化、长效化。

（2）课程和教材建设。强化每位教师的立德树人意识，在每门课程中有机融入思想政治教育元素，并以国家级规划教材、全国高等学校医疗保险专业规划教材为基础，选用与劳动与社会保障专业人才培养规格相适应、与专业教学计划相配套的教材。

（3）教学方法与手段建设。积极推广小班化教学、混合式教学、翻转课堂，大力推进智慧教室建设，构建线上线下相结合的教学模式。

（4）学习过程管理建设。健全能力与知识考核并重的多元化学业考核评价体系，完善学生学习过程监测、评估与反馈机制。利用"毕业论文管理系统"，严格执行开题报告审核、中期检查、毕业论文答辩等制度，强化指导教师一周两次以上的检查指导，要求毕业生应用文献资料和调研结果规范地完成数据分析和论文撰写。

2. 主要成效

2016~2020年，医疗保险系教师已主编或副主编出版教材13本，教学参考书或教学辅助教材3本。

所有任课教师均采用多媒体等现代化教学手段授课，多媒体课件研制能力强、应用状况好；管理学原理于2018年被评为安徽省大规模在线开放课程（MOOC）示范项目；保险学课程借助教学研究项目，引入PBL教学模式进行了四个学期的PBL教学方法探索，效果显著；医疗保险学将医疗保险改革最新动态作为教学实例及时引入教材和课堂教学，使教学内容真实、具体、贴近实际；保险经营学采用角色扮演教学方法，由教师精心设计剧本，学生扮演相关角色，运用所学知识解决相关问题。

2017年以来，多名本科生在教师指导下发表研究论文。在近三届毕业生中，每届均有2~3名毕业生获得校级优秀毕业论文，每年均有1名学生获得"人卫杯"全国医药卫生管理专业本科生毕业论文（设计）竞赛奖项。2015级一名学生在网络上发表自己作词、作曲、自弹、自唱的音乐作品，包括《芜湖路》《故事写到这》《画桥西》《躲》等多首歌曲，深受好评。

五、加强师资队伍和基层教学组织建设的主要举措及成效

1. 主要举措

该校医疗保险系于 2002 年成立，标准化建设不断推进，落实基层党支部书记"双带头人"培育工程，党支部书记担任系主任，用习近平新时代中国特色社会主义思想武装头脑，引导教师合理挖掘教学内容所蕴含的德育元素，言传身教，不断追求专业教学中德智等融合。

医保系现有专任教师共 20 人，其中教授 3 人，副教授 9 人，讲师 6 人，助教 2 人，取得博士学位 10 人。学科系积极支持教师参加专业进修、学术交流、研讨班等培训项目，承担或参与各级各类相关科研与社会服务项目。支持青年教师在职攻读博士学位，每年选派 1～2 名教师赴国内外大学访问或深造。

该校建立了由李绍华教授牵头的医疗保险学省级教学团队和由秦侠教授牵头的卫生管理运筹学省级教学团队，带动和促进青年教师的成长与提高。

2. 主要成效

医保系于 2019 年达到基层教学组织标准化建设要求，专任教师的教育教学能力和科研水平不断提高，教师在各类教学竞赛中多次获奖，并承担了多项教学质量工程项目。

六、加强专业教学质量保障体系建设的主要举措和成效

严格按照学校教学运行、教学质量、实践教学、学生管理、考试管理、学位管理、教材管理、学风教风等制度进行教学，定期组织专业教师学习各个教学环节的质量标准，规范教师的职责和行为。依据《安徽医科大学基层教学组织教学工作管理规定（试行）》，对教学思想、教学内容、教学手段、教学方法、教学行为、教学效果等方面提出了优秀课堂教学的基本规范。在实践教学环节中系统考虑实验、实习、社会实践和科技创新等实践教学活动，明确提出了实践教学各环

节的质量标准。

利用教学督导工作组、兼职教学研究员、学生教学质量信息反馈评价教学结果，作为考核教师教学效果的重要指标。新冠肺炎疫情期间，组织利用网络课程、在线考试等教学方式，保障教学质量。

每年召开新生、应届毕业生的座谈会，跟踪已毕业的历届学生，收集其对专业教育教学等各方面的信息，不断改进教学工作，提升教学质量。

七、毕业生培养质量的跟踪调查结果和外部评价

根据安徽医科大学 2018 ~ 2020 年毕业生就业质量年度报告显示，毕业生就业质量高，多名学生在北京大学、复旦大学、中国人民大学、香港大学、华中科技大学、英国格拉斯哥大学、英国埃克塞特大学等国内外知名高校就读硕士研究生，多名学生在中国人保、中国人寿、中国平安、泰康人寿等全球知名保险机构从事保险经营管理工作，多名学生在全国三级甲等医院从事医疗保险相关工作；多名学生通过公务员招录进入各级医疗保障部门工作。

毕业生就业后职业前景好，社会认可度高。经用人单位反馈，劳动与社会保障专业毕业生在思想品德、敬业精神、工作态度、专业知识、工作能力、创新能力等方面都展示了较强的基本功和竞争力，受到用人单位的普遍好评。

八、下一步推进专业建设和改革的主要思路及举措

落实立德树人根本任务，以新医科建设为抓手，优化劳动与社会保障专业结构，体现"大健康"理念和新科技革命内涵，强力推进与医学以及其他学科的深度交叉融合。

1. 规范完善，提升基层教学组织标准化建设水平

在"双基"建设达标基础上，对标安徽省普通高校示范基层教学组织（教研室）示范标准，营造浓郁的质量氛围，发挥资源共享优势，规范教学管理，努力获得高水平教学质量工程项目、教学论文

等，力争达到示范基层教学组织标准。

2. 搭建平台，提升教师教学科研水平

利用系例会、集体备课等各项集体活动开展教师队伍培训，在学校、学院和专业内部开展教学方法交流，发挥"传帮带"作用；鼓励教师参与校外各项教学能力提升和教学方法改进的培训活动；支持教师承担或参与教育教学研究和科学研究项目；充分利用平台，加强与各级医疗保障局等校外机构交流与合作，推进"双师型"教师队伍建设。

3. 巩固创新，完善理论课程体系和教材建设

围绕专业建设标准，适应新时代医疗保障改革与发展需求，调整医学类、管理类、保险类、经济学类等理论课程设置，完善理论课程体系建设。以国家级规划教材（如《医疗保险学》）和全国高等学校医疗保险专业第二轮规划教材为基础，建设与专业人才培养规格相适应、与专业教学计划相配套的系列教材，不断促进课程、教材建设的规范化和系列化。

4. 多维融合，优化实践教学体系

根据人才培养需要，逐步增加创新教学内容的比重，促进学生创新思维的培养和能力提升，主要包括：按要求设置和强化相应课堂教学中的实践教学内容；进一步增设相应教学设备和软件，加强专业实验室建设；巩固拓展校外实践教学基地，实现"教学－科研－服务"的转化与有机结合。

撰稿人：

李绍华　安徽医科大学卫生管理学院党委书记

汤质如　安徽医科大学卫生管理学院专业负责人

张悠然　安徽医科大学卫生管理学院专业教师

第二节　安徽中医药大学医疗保险人才培养案例

一、培养目标、专业定位、历史沿革和特色优势

1. 专业名称

保险学。

2. 培养目标

本专业坚持立德树人，培养适应社会主义现代化建设需要的，德、智、体、美、劳全面发展，掌握保险学、医学基本理论、基本知识、基本技能，具有良好职业素养、创新创业意识和社会责任感，能在商业保险和社会医疗保险领域从事人身风险管理与投保规划、商业保险核保与理赔、商业保险公司经营管理和社会医疗保险经办等方面工作的复合型、应用型人才。

3. 专业定位

本专业培养以健康保险为特色的，既有医学背景知识与技能，又有保险理论知识与实务技能的；能在商业保险和社会医疗保险领域从事人身风险管理与投保规划、商业保险核保与理赔、商业保险公司经营管理和社会医疗保险经办等方面工作的；"懂医学、通保险、会健康保险核保理赔"的复合型、应用型人才。

4. 历史沿革

2003 年，5 年制中西医结合临床医学（医疗保险方向）首次招生。

2013 年，在原有办学基础之上设立四年制经济类保险学专业，每届 60 人左右，已连续招收 7 届 400 多名学生。2014 年获批省级专业综合改革试点建设专业。

2016 年开始一本招生，生源质量进一步提高。

5. 特色优势

（1）特色鲜明的办学理念和方向。相较于财经类院校保险学专业，我校保险学专业最大的特色与优势就是医学教育与保险教育相结合，培养"懂医学、通保险、会健康保险核保理赔"的复合型、应用型人才。

（2）有效支持专业特色的课程体系。课程体系中有 11 门医学类课程。通过这些课程的学习和训练，毕业生具备了相当程度的医学知识和技能，为其走入与人身伤害、健康保险有关的领域打下了坚实的基础。

（3）针对性强的实践教学环节设计。包括集中安排临床见习、探索创客实践教学、组织创新创业大赛等。

（4）方向明确、优势明显的就业去向。学生毕业后主要在健康保险公司、人身保险公司或财险公司中涉及人身伤害和疾病的险种或业务部门就业，主要就业岗位为健康险、人身险业务的核保核赔岗位或车险人伤核损岗等需要医学知识与技能的专业性、核心性以及准入性较高的岗位。

二、毕业生就业（升学）情况

2017～2019 年，保险学专业就业率均为 100%，且学生就业方向与专业匹配度高，就业层次也较高，多数同学均在大型保险集团省分公司就业。

三、获省部级及以上奖励和支持情况

近年来，获省级奖励项目有：（1）医药经济管理类人才示范引领基地，2020 年获省一流本科人才示范引领基地；（2）医药经济管理创新创业教学团队，2016 年获省级教学团队，2019 年获批西方经济学省级教学团队；（3）校企合作实践教育基地，2020 年获省优秀质量工程支持。

四、深化专业综合改革的主要措施和成效

专业建设总体思路是凸显医学特色、完善课程体系、优化师资队伍、强化竞争优势。围绕这一思路，整合学校课程、师资优势，开展各项教科研改革与建设，实现"以健康保险为特色，懂医学、通保险、会健康保险核保理赔"的复合型、应用型人才的培养目标。

1. 完善专业培养方案

优化培养方案。借鉴兄弟医学院校保险学专业人才培养模式，结合毕业生和用人单位反馈建议，不断完善我校保险学专业人才培养方案。优化医学类课程的门类、学时及其与保险类课程的比例。优化实践类课程的设置，增设自主学习、课间见习、小学期见习、暑期见习、毕业实习等实践教学环节，鼓励学生参加素质拓展与社会实践活动，多渠道提升学生的实践能力、创新能力和创业能力。

2. 建设专业课程体系

优化课程设计。保险学教研组围绕医学院校保险专业课程体系建设与优化，开展了医学院校保险学专业课程体系优化研究，建立医学、保险学协调发展的课程体系。积极打造"金课"。西方经济学课程已经建设为省级精品课程。

3. 探索实践教学模式

强化专业综合改革试点，探索实践教学新模式。学院与省内20余家保险公司和省外十余家保险公司建立合作关系，为实习基地建设、实训课程联合开发打下基础，有效支持保险学专业实习就业工作。目前有3家省级分公司已与我们签订校企合作协议，成为我校保险学专业的实习基地，为人身保险、健康保险、财产与责任保险、保险经营管理实训等实训课程联合开发打下基础。

五、加强师资队伍和基层教学组织建设的主要举措及成效

1. 优化师资结构

在师资队伍建设方面，培养和引进相结合，提升教师学历水平。

2018～2020 年引进了 1 名海归博士，培养了 2 名在读博士。加强教师岗位短期培训，专职教师均需到保险公司实践见习，提升专业教师实务水平与能力。目前保险学专业已经初步建立起职称结构比较合理，科研能力较强、教学水平高、教学科研成果显著的高素质教学团队。

2. 强化基层教学组织建设

保险学专业建立了以保险学教研室（承担保险类课程）和经济学教研室（承担经济类专业基础课程）为主要教学基本单元的基层教学组织。其中经济学教研室于 2019 年成功申报为省级基层示范教研室，在师资队伍建设、人才培养模式、教学规范管理、教育教学改革方面积累了宝贵经验。2020 年专业核心基础课程西方经济学省级教学团队获批，专业课程建设、教学教育改革、教学研究方法研究等成果不断得到认可，为专业建设提供了坚实基础。

六、加强专业教学质量保障体系建设的主要举措和成效

经过多年的教学管理实践，学校逐步建立了一整套教学质量标准体系，制定了覆盖教学全过程的质量管理制度，构建了内部质量管理体系和外部质量监控体系。

医药经济管理学院根据学校的教学管理制度，结合保险学专业发展的相关要求，积极贯彻落实学校教学管理制度，在学校的教学质量管理体系的基础上嵌入了教学质量保障子系统。落实落细学校的各项教学管理制度并重点体现在教学环节的组织实施和质量监控上。

在组织上，成立了由院领导、院教学办、各教研室主任和两名专职教师的教学管理和质量监控队伍。

在管理机制上，实行期初、期中、期末教学检查、院领导听课、学生评教、同行测评、学校教学督导听课、校外第三方质量跟踪调查相结合的质量监控运行机制。

在组织实践上，各教研室根据年度和学期教学计划开展教学活动，按照教学质量标准规范实施教学过程，并通过集体备课、同行测评等活动，实现各环节教学过程的规范和教学质量的提高。

在功能反馈上，学院严格执行学校制定的各项教学管理制度，认真做好教学任务安排、教学检查、组织考试、实习就业、毕业论文等教学管理和评价工作，并按时上报相关教学资料。

七、毕业生培养质量的跟踪调查结果和外部评价

根据麦可思提供的《安徽中医药大学应届毕业生培养质量评价报告》数据，我校保险学专业毕业生所在的用人单位，对毕业生思想品德、敬业精神、工作态度、专业知识、工作能力、创新能力的综合评价，满意或比较满意率均在 90% 以上。

八、下一步推进专业建设和改革的主要思路及举措

1. 专业改革主要思路

坚持立德树人，彰显医药特色，培养"懂医学，精保险"的复合型人才为目标，强化新文科与新医科融合，持续推进专业改革。具体改革思路：以健康中国为导向，培养复合型应用型人才；切实落实本科专业国家标准，规范教育教学管理；持续深化教育教学改革，引领带动"四新"教育；加强基层教学组织建设，打造优秀师资团队；培养合格专业人才，服务地方行业建设。

2. 专业改革举措

（1）加强师资队伍建设。鼓励支持教师攻读博士学位，申报高级职称；建立并落实专职教师参与保险实践制度；建立专业兼职教师资源库，充实专业师资队伍。

（2）完善人才培养模式。牢固树立人才培养中心地位，做到"以本为本，推进四个回归"。完善"课堂教学、实验实训课程、社会实践教学、创新创业大赛和学生自主学习"五位一体的人才培养模式，提高五类培养方式的契合度。

（3）注重教学改革与创新。鼓励、引导专职教师定期"走下讲台，走进保险企业"，强化专职教师的保险实践能力。制定专职教师参与保险实践制度、认真考核两个方面作切实有效的计划和安排，弥补师资缺陷；完善专兼职教师相结合制度，聘请保险企业优秀高管作为高校的兼职教师，让企业高管"走出保险企业，走上讲台"，强化其对所学知识的理解与运用，避免出现理论与实践脱节的现象。

（4）加快专业条件建设。加强标准化教研室建设，充分发挥经济学示范教研室的引领带动作用，在课程建设、教学改革、教学研究等方面发挥示范作用。建设保险学专业图书资料室和实验室，重点建设商业保险核保核赔实验实训室等，为学生进行技能训练创造条件。结合西方经济学省级精品课程建设成果和建设经验，广泛梳理精品教学资源，凝练专业教学特色，建设信息化教学资源库。

（5）加强学科科研支撑。强化科研团队建设，在医疗保险、医保支付方式等研究方向上形成特色。积极引导年轻教师进行科研训练，培养科研素养，提升研究方法，形成研究成果，营造浓厚的科研氛围，以研促教。

撰稿人：

丰志培　安徽中医药大学医药经济管理学院院长

陶群山　安徽中医药大学医药经济管理学院专业负责人

第三节　滨州医学院医疗保险人才培养案例

一、培养目标、专业定位、历史沿革和特色优势

1. 专业名称

劳动与社会保障。

2. 培养目标

本专业培养适应经济社会发展和社会保障事业发展需要，德智体美劳全面发展，知识、能力、素质协调发展，具有社会责任感，基础

扎实、创新精神和实践能力强，掌握现代公共管理理论、方法和技术，掌握社会保障与人力资源管理的基本知识和基本技能，毕业后能在各级人力资源和社会保障机构、医疗卫生机构、保险机构、企业等从事社会保障组织与管理、人力资源管理工作的应用型人才。

3. 专业定位

本专业定位于培养应用型人才。在人才培养方案中对思想道德与职业素质、知识和技能等都有明确要求。

4. 历史沿革

滨州医学院于 2008 年设置劳动与社会保障专业，隶属于公共卫生与管理学院，标准学制 4 年，授予管理学学士学位。

5. 特色优势

滨州医学院劳动与社会保障专业人才培养以社会保障和人力资源管理为核心技能，同时依托学校医学背景，利用学校优势资源，通过开设医学类课程、安排学生到医疗卫生机构实习等方式，强化本专业的医疗保险特色。

二、毕业生就业（升学）情况

截至 2021 年 9 月，本专业累计培养的学生数为 479 人。

本专业毕业生的初次就业率约为 75%，考研率约为 30%，毕业生的年底就业率为 100%。本专业毕业生就业的专业对口率为 100%。

本专业毕业生就业去向主要为升学或在各级人力资源和社会保障机构、医疗卫生机构、保险公司、人力资源咨询公司和企事业单位人力资源管理部门等。

根据对毕业生追踪调查，本专业毕业生所在单位对本专业毕业生满意和比较满意率为 100%。

三、获省部级及以上奖励和支持情况

2017～2021 年，本专业教师参与并获得省级教学成果奖 4 项。

四、深化专业综合改革的主要措施和成效

深化改革并构建产学研协同育人机制，经过多年的改革发展，本专业构建了功能多样、特色鲜明的实践教学体系。

1. 校内实验平台构建——公共管理实验室

校内实验平台主要为公共管理实验室，实验室配备有社会保险综合教学软件、企业管理模拟沙盘、公共危机管理教学软件等软硬件设备，既能提供单项技能训练，也能组织综合能力训练。

2. 校外实习基地建设——多功能的实习基地

通过建立多功能的校外实习基地，实现实践教学与社会服务的结合。实习基地分为两大类，第一类为医院医保处，本专业与学校直属附属医院的医保科建立了长期合作与联系，每年有学生到单位完成4个月的实习，同时邀请医院医保科人员为在校生讲课。第二类为地方人力资源和社会保障局，本专业与烟台、滨州等地人力资源和社会保障局建立了稳定的联系，为学生提供了良好的见习实习岗位。

3. 创新实践平台搭建——实施大学生科技创新计划项目

近年来，本专业教师积极组织学生参加各类创新实践计划项目，参加各级各类大学生科技创新实践活动30余项，组织暑期社会实践10余项，多次获得"山东省优秀实践团队"和"山东省暑期社会实践奖励"。

五、加强师资队伍和基层教学组织建设的主要举措及成效

本专业现有专业教师17人，专兼任教师中具有硕士、博士学位的比例为100%；副教授以上职称达50%以上，专兼任教师来自国内多个高校，学缘结构合理，外校学缘结构达100%。本专业通过专题讲座、集体研讨、组织集中培训学习和外出交流等多种形式，不断提升师资队伍整体水平。专业专任教师积极参与教学研究改革和各级各类教学比赛，认真组织开展科研工作。

六、加强专业教学质量保障体系建设的主要举措和成效

1. 教学经费投入

本专业使用的教学日常运行费用、教学改革费用、课程建设费用、教材建设费用、专业建设费用、校内外实践实习费用、教学研讨费用、教学差旅费用、图书资料购置费用、学生活动费用及其他用于教学的费用等教学经费投入充足，生均教学经费投入8000余元。

2. 教学设备

本专业现有专业实验室1个，1000元以上教学设备费总价40余万元。本专业实验课程开出率达到培养方案及教学大纲要求的100%，综合性、设计性的实验课程占实验课程总数的100%。本专业实验室能够较好地满足实验教学需要。

3. 实习基地建设

本专业现有专业实践基地10余个，主要为市、区人力资源和社会保障局和医院医保处、人事处等。实习基地聘用具有实践经验的专业校外兼职教师多人，各类实习完成率100%。

4. 信息化建设

本专业教师充分利用学校完善的多媒体教室和设备，以及现代教育中心的技术支持进行多媒体教学，在课堂教学中自行开发多媒体课件的比例达到100%。网络课程建设良好，专业课建设优质网络课程15门，《医疗保险学》《社会保险学》《保险学原理》等课程网络资源内容丰富，并能实现与学生的良好互动。

七、毕业生培养质量的跟踪调查结果和外部评价

本专业毕业生具备较高的专业素质，受到社会和用人单位的一致好评。用人单位对本专业毕业生的业务水平、综合素质及能力的评价都很高，普遍反映本专业毕业生知识扎实，技能熟练，勤学好问，态度认真。

八、下一步推进专业建设和改革的主要思路及举措

1. 明确专业发展目标

全面贯彻党和国家的教育方针，坚持以习近平中国特色社会主义思想为指导，落实科学发展观，遵循高等教育规律，以发展为主题，以教学科研为中心，以培养高素质应用型人才为目标，以社会需求和学生就业为导向，以提高教学质量为宗旨，着力加强师资队伍建设，不断完善课程体系，改善教学条件，突出劳动与社会保障专业医疗保险特色，提升专业整体水平。

2. 加强师资队伍建设

按照"稳定、培养、引进"的方针，做到培养与引进相结合，努力建设一支学科背景、学历结构、学缘结构、年龄结构、职称结构合理的高水平师资队伍。

通过开办学术讲座、外出访学进修等措施，提高教师科研能力；通过科研团队建设，凝练研究方向；通过青年教师培训，提高青年教师开展学术研究的积极性；通过集体备课、定期研讨等形式组织开展教学改革和教学研究，鼓励教师发表教研论文，争取高层次教改项目，提高教师教学科研水平。

3. 提高课程建设水平

本专业今后将不断提升本专业的课程建设水平，强化课程思政建设，鼓励教师积极申报省级、国家级一流课程，倡导教师开展混合式教学，提升课程网络平台建设水平，通过课程改革带动教学水平和教学质量的提升。

撰稿人：

李华业　滨州医学院公共卫生与管理学院专业负责人

第四节　成都中医药大学医疗保险人才培养案例

一、培养目标、专业定位、历史沿革和特色优势

1. 专业名称

公共事业管理（医疗保险）。

2. 培养目标

本专业培养目标是以满足卫生健康事业发展需求为导向，建设以医疗保险方向为特色的公共事业管理专业，培养具有扎实的医药基础知识和人文社会科学知识，系统掌握现代医疗保险的基本知识、基本理论和基本技能，从事实际经办管理工作的"懂医药、通人文、精管理"的高素质复合型、应用型公共事业管理人才。

3. 专业定位

本专业定位为西部卫生健康事业、医疗保险领域和健康保险行业培养复合型、应用型管理人才。以创新思维与人文精神为根基，为学生搭建以医药学知识为基础，以卫生管理和医（健）保技能为两翼的复合型知识框架体系。

4. 历史沿革

成都中医药大学公共事业管理本科专业（医疗保险方向）成立于 2001 年，2018 年开始招生社会保障方向硕士研究生，2021 年本科专业升格为国家一流专业建设点。至今，培养本科毕业生 1000 余人。

5. 特色优势

（1）师资力量雄厚。15 名教师中，46.67% 拥有博士学位，副教授 33.33%、教授 26.67%；主持科研课题 13 项（国家级 3 项，部省级 10 项），发表论文 107 篇；获得省级以上教学成果奖励 1 人次。

（2）培养理念先进。原创的"让学生明确发展方向、让学生得到发展机会，让学生增强发展动力""三让"培养理念，已上升为全

校培养理念。

（3）课程与实践体系领先。本专业以医学、药学为基础，以管理学、经济学、保险学为核心，坚持与卫生健康行政机构、医疗卫生单位以及社会保障部门合作互动，在全国率先开设疾病分类学、核保核赔学等课程，持续优化临床见习环节。

二、毕业生就业（升学）情况

医保专业毕业生主要就业去向包括商业保险公司（50%）、医疗机构（30%）、医药企业（5%）、考研考公（5%）等，综合就业率在91%以上。保险公司就业岗位主要包括核保岗、理赔岗、人伤查勘岗、营销岗等，医疗机构就业岗位主要包括医保科、病案科、运管科等，公务员岗位主要在社会保障与医药卫生类行政事业单位。近年来，进入医院从事医保、病案管理的人数增多，进入保险公司从事委托经办业务的比例提高。

三、获省部级及以上奖励和支持情况

2017～2020年，获得省级教学成果奖5项，各级各类教学名师8人次，省级精品在线开放课程1门；参编教材14部，其中主编4部、副主编5部；建成国家中医药管理局重点实验室1个；参与各级教学改革项目5项，其中教育部1项，教育厅4项；建设实践教学基地18个。

四、深化专业综合改革的主要措施和成效

1. 持续优化培养方案，凸显专业人才培养特色

围绕专业方向特点，充分考虑课程内在逻辑关系，以专业基础课和专业课为核心、专业选修课为拓展，建立了"人文素养与素质拓展、学习能力与创新意识、基础理论与基本技能、专业知识与专业能力"四大课程群的多元课程体系，持续优化培养方案，强化实践教学，探索实施3年理论教学和1年实践教学的"3＋1"人才培养

模式。

创建省级创新创业示范课程 2 门，校级课程思政示范课程 7 门、核心通识课程 3 门、精品课程 1 门、微课建设 10 门、线上线下混合式示范课程 4 门和创新创业示范课程 1 门。

2. 加强专业教材建设，深化教育教学改革

加强中医药行业及卫生健康领域教材建设，完善教材建设管理机制，积极支持教师参编教材。以学生为中心，以打造"金课"为目标，以项目为依托，开展情景教学、项目式教学、翻转课堂、线上线下混合式教学改革。

获得省级教学成果奖 5 项，获评各类教学名师 8 人次、省级精品在线课程 1 门，参编教材 14 部，其中主编 4 部、副主编 5 部，参与教育部教学改革项目 1 项。

3. 完善实践教学体系，注重创新能力培养

注重理论联系实际，加深和巩固学生理论知识，训练学生独立思考和分析问题的能力；依托学校优势，聚焦医药行业，加强实验教学平台与实习基地建设，强化"双师型"师资团队建设；以各类学科竞赛为切入点，坚持双创人才培养，坚持团队协作、分类指导，打造理论与实战紧密结合的指导团队。

拥有校级教学实验室 1 个，建设了 18 个稳定的实践教学基地，成立了 2 个"双创导师工作室"，组建了 4 支竞赛指导团队。

五、加强师资队伍和基层教学组织建设的主要举措及成效

1. 师资队伍建设

创新机制，人才强校。2018 年，学校出台了《关于新时代全面推进"人才强校"战略的实施意见》，启动潜心育人激励计划等"六大人才计划"，配套实施两大举措：以分类评价、分类发展为特点的人才制度体系建设，以激励和约束并存为特点的绩效改革制度。

立德树人，以德为先。出台《关于深化师德师风建设的十条举措》，建立师德承诺、师德测评和一票否决制，对师德师风的考核评

价更加明确和严格，将"以德为先"的师德师风制度体系落到实处。

2. 基层教学组织建设

学院制定完善 6 类 23 项教学管理制度，建立了医院管理和医疗保险教学团队，主要采取以下措施：（1）中青年教师国内外进修培训；（2）健全学术诚信体系，实行师德师风一票否决制；（3）完善绩效考核制度；（4）搭建科研平台。

省级以上学术任职 25 人次，省级决策咨询专家 2 人次，省学术和技术带头人后备人选 4 人次，省卫健委学术技术带头人及后备人选 4 人次，海外高层次留学人才 2 人次。

六、加强专业教学质量保障体系建设的主要举措和成效

1. 主要建设举措

（1）制定教学规范，严格课堂教学。制定《教学质量管理办法》《教学秩序专项检查实施办法》《"创金课、消水课"行动计划》《兼职教师管理办法》等相关规章制度，对课堂教学中教师教态、授课准备、授课质量以及教学纪律等各项重要环节进行规范。

（2）强化实践教学，注重过程管理。制定并不断完善《本科毕业论文管理办法》《本科毕业实习管理办法》《实践教学基地建设与管理办法》等相关规章制度，规范本专业学生实习、见习、撰写毕业论文等工作的指导和过程管理。

（3）建立督导机制，提升教学质量。制定了《教育教学督导专家委员会工作实施意见》，采取校、院、教研室三级督导和学生评教等方式，通过督教、督学、督管、督建等制度建设和落实，促进专业教学质量不断提升。

2. 建设成效

2018 年以来，公共事业管理专业（医疗保险）教师团队授课同行评教为优秀，专家评教平均为 93.39 分，学生评教得分平均为 96.9 分。建成 18 个稳定的实践教学基地。教学质量显著提升，学生能力快速增长。2018～2020 年，本科毕业论文合格率为 100%，学生获得省部级以上奖励10项。

七、毕业生培养质量的跟踪调查结果和外部评价

1. 行业针对强，培养质量高

本专业人才培养突出中医药行业特色，聚焦卫生健康和医疗保险领域，具有独特竞争力，为各级各类卫生健康行政部门、医疗保险、保险公司、医药企业输送了大量优秀人才，多名毕业生成为单位骨干。

2. 就业质量好，社会评价高

毕业生跟踪调查结果显示，2018～2020年，毕业生年均就业率93.75%，毕业生就业满意度和用人单位认可度高，许多毕业生已经成为用人单位的骨干。

八、下一步推进专业建设和改革的主要思路及举措

1. 工作思路

切实落实立德树人根本任务，全面推进"以本为本、四个回归"，全力实施"新文科"建设，不断完善协同育人和实践教学机制，进一步明确专业定位，推动具有专业特色的课程体系建设和创新创业教育，打造"双师型"教师队伍，进一步提升本专业特色优势，力争把公共事业管理专业建成专业定位明确、特色优势明显、师资结构合理、培养质量优秀的国家级一流本科专业。

2. 主要举措

（1）优结构、善体系，继续打造专业特色。依托我校医药优势学科，围绕地方卫生事业和医疗保险事业发展需求，发挥公共管理专业优势，对专业人才培养目标、模式和教学模式进行再思考、再定位；继续对标国内外高水平大学教学模式，构建具有我校特色的医疗保险管理应用型人才培养机制；修订专业培养方案，完善多层次、多形式的人才培养体系，加强学生实践能力的培养，实施学院"三让"学生发展核心素养培育计划。

（2）创新建设机制，进一步加强师资队伍建设。建立"规范化、

制度化、常态化"的教师能力提升机制，坚持内培和外引并重，创新教师队伍建设机制，融合交叉学科背景，完善学科梯队和骨干教师队伍建设，打造高水平医疗保险教学团队；鼓励教师积极利用专业理论知识为企事业单位科学决策贡献力量；加强学术引领，培养省级、校级教学名师，推广教学改革试点和课程考核改革试点经验成果。

（3）强化立德树人，全面实施教育教学改革。坚持立德树人，强化课程思政和专业思政，实施"三全育人"，不断提升专业师资队伍的课程思政建设能力，建立课程思政建设评价激励机制。持续打造"金课"，推进专业人才培养体系改革。加强教育教学改革，推进教学成果转化。开设"三让"核心素养培育计划实验班。优化教育评价，建立"目标—标准—评价—反馈—整改—提升"的教学质量评价模式，继续优化"3+1"培养模式，进一步提升学生专业综合实习质量和学生就业竞争能力。

撰稿人：

彭美华　成都中医药大学管理学院专业负责人

第五节　东南大学医疗保险人才培养案例

一、培养目标、专业定位、历史沿革和特色优势

1. 专业名称

劳动与社会保障。

2. 培养目标

按照党的教育方针，瞄准国家健康战略发展需求、国际健康保险发展前沿及我国劳动与社会保障事业领军人才培养目标定位，结合"三全育人"综合改革，从"培养体系、师资发展、育人环境、资源建设、平台搭建、制度保障"六个层面实施系列改革。

3. 专业定位

坚持立德树人，深耕特色发展，按照"思想引领、能力培养、知识传授"育人格局，以强化内涵建设为根本，以优化知识体系为重心，以深化模式改革为推力，以完善体制机制为保障，全面提升人才培养质量，培养具有浓厚家国情怀、前瞻国际视野、现代管理理论及实际应用能力，能在医疗保障机构、社会保障企事业单位从事医疗保险管理和研究等工作的复合型领军人才，成为公共管理专业领域有影响、有特色的一流劳动与社会保障本科专业。

4. 历史沿革

1995年开始招生，2006年获批江苏省特色专业。

5. 特色优势

构建"理念为先，能力为纲，模式为体，机制保障"的医疗保障特色专业发展模式，促进了专业建设和人才培养质量的提升，获得了显著的成效。

二、毕业生就业（升学）情况

综合就业率在90%以上。

三、获省部级及以上奖励和支持情况

参与江苏大学"基于OBE理念的医疗保险专业方向教学课程体系优化与教材建设"获得江苏省教学成果二等奖。获评江苏省青蓝工程教学团队，获评江苏省英文授课精品课程2门。

主编教材：《医疗保险国际比较》《健康保险市场调查与预测》《人身保险的医学风险选择》《劳动法与社会保障法（第二版）》《健康保险医学基础》《高级微观经济学：选择与竞争性市场》等。

四、深化专业综合改革的主要措施和成效

1. 坚持立德树人，思政教育融入教学全过程

坚持立德树人根本任务，充分发挥课堂主渠道在思想政治工作中

的作用，结合劳动与社会保障专业特色，围绕健康中国战略、社会保障事业高质量发展等时代大势，实施"四点灵通"式课程思政改革，使专业课程"重点""难点"与思政元素的"触点""融点"深度融合。近15%学生获省部级以上奖励，涌现出包括江苏省大学生年度人物、中国青年五四奖章获得者等在内的等一批优秀学生。

2. 突出胜任力导向，实施"3353"培养模式

注重人才培养过程改革创新和质量管控，实施"3353"人才培养模式。"三融合"（融入学校、社区和人群）、"三参与"（专任教师、兼职教师、学生）、"五合作"（校际、校社、校政、校企、校医）、"三结合"（学习兴趣与科研领域、科研训练与平台实践、自主研学与毕业设计）胜任力培养模式，使学生在真实情境下"体验式""渗透式"提升社会责任感和职业素养，有力强化了学生专业核心胜任力培养和教师人才培养能力的提高。

3. 强化实践技能，推进多部门协同育人模式

立足国家社会保障事业高质量发展战略目标，与政府医保部门共建课外研学平台；与三级医院共建临床见习平台；与省级医保、卫健部门共建政策实践平台；与保险公司共建顶岗实习平台，实现人才培养实践"四平台联动"。校外、校内导师协同指导学生科研实践和专业实习，约30%学生参与重大项目研究、约60%学生的科研选题来自"四平台"项目，90%以上学生依托"四平台"完成毕业设计。

2018～2020年，本专业学生获"挑战杯"等国家级赛事奖励7项；获国家级大学生创新创业项目28项。本专业教师获江苏省科技进步一等奖、江苏省教学成果一等奖、中国社会保障学会教学优秀论文二等奖、东南大学学生最喜爱的老师等。

五、加强师资队伍和基层教学组织建设的主要举措及成效

1. 推行"分层次、多维度、全覆盖"的基层教学组织建设

服务健康中国战略，构建劳动与社会保障通识教育、管理、医学教育、专业教育分层次教学组织，从多个维度组建名师领衔、老中青

结合的教学创新团队，推行课程负责人制度、主讲教师制度和学院教师发展中心督导制度。构建了责权利明确、运行高效的基层教学组织。

2. 实施教学能力"三为"养成计划，建立以学生为中心的教师评价体系

出台《关于加强以人才培养为核心的内涵建设十条措施》、"教师评价办法"等制度，革新优化教师绩效考核制度，实施教学工作量小一票否定、教学质量优的一票肯定、育人成效突出直接晋优等举措；职称评审突出教学成效，采用基本要求准入、突出者优先、特优者破格结合的评价方式。

3. "引育并举"优化师资队伍结构

注重师德师风建设传承，新进教师签署"师德承诺书"，以老带新，教学水平"传帮带"，实现师德薪火相传；构建六层次教师教学培训体系；依托东南大学"高端师资倍增"计划引进人才。通过国际知名教授全英文授课、选派教师到国外著名高校访学等举措，推进国际化师资培育。

六、加强专业教学质量保障体系建设的主要举措和成效

本专业加强教学质量保障体系建设，形成了以有明确的质量保证目标、有完整的质量标准、有规范的督导评价、有持续的改进机制为特征的"四有"动态保障体系。

1. 基于国家战略和个体发展的培养目标建设

坚持以国家社会保障事业高质量发展和学生可持续发展需求为目标，依托大学生课外研学体系培养学生创新能力、依托"四平台"培养学生可持续发展能力。

2. 基于立德树人的课程思政全覆盖

把立德树人、教书育人作为教学质量评价的首要标准，实现了"课程思政"全课程和全过程覆盖。实施校—院—系三级督导，做到日常监督、定期监督、定点监督，确保立德树人落实到人才培养全

过程。

3. 基于核心胜任力的课程模块建设

组建社会保障、数据分析与统计、卫生技术评估、实践与创新五大课程模块，根据核心胜任力培养导向，优化课程模块内部和模块之间的衔接。

4. 持续的改进机制

根据管理评审、教学评估、就业情况、学生满意度、同行评价信息，进一步提高教学质量。

2018～2020年，90%以上学生主持或参与校级以上课外研学项目，学生升学率为49%，就业率为98.6%。教授100%为本科生授课，本科教学绩效评价位于全校前茅，获江苏省教学成果一等奖1项。

七、毕业生培养质量的跟踪调查结果和外部评价

1. 毕业生就业集中度高、发展性强

本专业累计培养了超过1000名医疗保险高级人才，毕业生大多在政府医保部门、商业保险公司、高校、医院等专业相关机构就业，主要从事医疗保障管理、教学与科研等工作，就业集中度高。毕业生岗位适应性好，发展性强，涌现出以北京医保局副局长、泰康养老省级分公司负责人等为代表的杰出校友群体。

2. 毕业生升学率高、深造层次高

近50%的毕业生通过保送、统考、留学等方式到北京大学、清华大学、中国人民大学以及耶鲁大学、约翰霍普金斯大学等著名高校深造。

3. 毕业生获得用人单位及第三方好评

建立了完善的毕业生跟踪调查制度，向毕业生和用人单位发放调查问卷，毕业生普遍认为本专业课程设置合理、教学质量高，满意度达98.2%。各就业单位普遍反映毕业生专业基础好、业务能力强、综合素质优，适应岗位快、发展潜力大。

八、下一步推进专业建设和改革的主要思路及举措

1. 主要思路

始终坚持以立德树人为根本，按照党的教育方针，瞄准国家健康战略发展需求和国际健康保险发展前沿，聚集我国劳动与社会保障事业领军人才培养目标，结合"三全育人"进行综合改革。

2. 改革措施

（1）优化人才培养体系。以立德树人为根本，以健康中国为主旨，注重提升教育教学理念，全面修订人才培养方案，构建"本—研"贯通制，形成具有中国特色、国际实质等效的人才培养模式，培养扎根中国大地的社会保障事业领军人才。

（2）完善师资队伍建设。优化教学创新团队，推进青年教师队伍建设，注重教学能力提升和国际化视野拓展，全面提升师资队伍的整体水平和核心竞争力；扎实推进服务于健康中国战略的基层教学组织建设；设立多层次教学奖励制度，实施教学名师培育计划。

（3）优化三全育人体系。以学生为本，营造多方协同三全育人环境，以德育人、以文化人、以能强人贯穿人才培养的全过程全方位。开展"课堂—研学—竞赛"联动的理论与实践相融合的育人体系，大力营造创新创业育人氛围，着力提升学生创新实践能力。

（4）丰富课程资源建设。全面推进以高质量发展为核心的课程思政体系建设；构建 MOOC 课程群，推动线上线下混合式教改；打造涵盖专业核心的全英文、校企联合"金课"；建设一批融入数字教学资源立体化教材；构建"四层次－递进式"医保大数据实践平台。

（5）夯实实践教育平台。建设软硬件有机融合、设备环境一流的创新实训一体化平台及管理医工交叉融合的智慧实验室；海外名家"请进来"、国内师生"走出去"，建立国际化交流合作平台；进一步加强校企联合，提升产学合作协同育人平台。

（6）强化制度保障体系。围绕人才培养中心任务，深化师评体系改革；完善和强化教学质量监控体系；强化科研反哺教学的激励

导向制度；落实课堂教学与实践教学质量提升工程，加强过程考核管理。

撰稿人：

巢健茜　东南大学公共卫生学院专业负责人

第六节　广东医科大学医疗保险人才培养案例

一、培养目标、专业定位、历史沿革和特色优势

1. 专业名称

医疗保险。

2. 培养目标

本专业培养具有社会主义核心价值观，德、智、体、美、劳全面发展，富有创新意识和创新精神，具有医学、经济学、管理学、保险学等基础知识，理解公共管理和公共政策的基本原则，掌握现代管理技术与方法，系统掌握医疗保险、健康保险、医院管理学、健康经济学的理论知识，熟悉并运用保险医学、病案管理、核保理赔、药物经济与卫生技术评估等专业技能，从事医疗保险政策理论研究、基本医疗保险管理、健康保险核保理赔、医院医保管理工作的"知医学、懂保险、会管理"应用型复合型经济管理人才。

3. 专业定位

本专业依托广东医科大学医学学科优势和办学资源，扎根地方，服务全省，面向全国，培养医学、经济学、管理学、保险学等多学科知识交叉融合，掌握医疗保险专业核心技能的应用型复合型本科层次的人才。

4. 历史沿革

2005 年创办劳动与社会保障专业（医疗保险方向）。

2015 年成为学校应用型人才培养示范专业。

2019 年成为学校首批设置特色实验班专业。

2020 年获批公共管理（MPA）专业硕士学位授权点。

2022 年国家教育部批准设立医疗保险专业。

5. 特色优势

培养"知医学、懂保险、会管理"应用型复合型医疗保险专业人才，体现医科大学医学学科优势和课程资源优势，要求学生掌握医药学基础知识、临床医学、影像学等医学专业知识，加强医学和管理学、经济学、保险学、公共管理、公共政策等学科知识的交叉融合，促进病案管理、疾病分类、医保结算、人伤查勘、核保理赔、药物经济与卫生技术评估等技能系统集成，形成医疗保险专业特色优势与核心竞争力。建立涵盖政府、行业协（学）会、商业保险企业、附属医院等多元主体协同育人机制，采用"产学政研"一体化人才培养模式。注重理论与实践相结合，坚持"实验＋实训＋实践＋实习"技能养成路径，培养学生具有坚实的医保理论功底和娴熟的实务技能。

二、毕业生就业（升学）情况

2019～2021 年，本专业毕业生初次就业率稳定在 95% 左右，就业方向集中在政府医疗保险部门、商业保险机构、医院医保部门从事基本医疗保险管理、人伤查勘与理赔、医院医保管理等工作。2019～2021 年本科生考研率在 20%～30%，升学率在 10%～15%，出国出境留学率在 5%。

三、获省部级及以上奖励和支持情况

2016～2021 年，本专业教师获得广东省高等教育教学成果二等奖 1 项，广东省教育教学成果奖培养项目 2 项，广东省特色创新项目（教育科研类）2 项，广东省本科高校教学质量与教学改革工程建设项目 3 项。

四、深化专业综合改革的主要措施和成效

1. 坚持"以本为本",定期优化培养方案

立足培养应用型复合型医保专业人才,加强课程教学团队、一流课程、在线骨干网络课程建设力度,定期调整优化课程设置和教学计划。

2. 建立多元主体协同育人模式,增强学生实践能力

建立涵盖政府、商业保险企业、附属医院等单位协同培养人才联盟。高质量建设符合实验、实训、实践、实习要求的人才培养基地和教学点,形成课堂、实验室、基地三位一体的教育教学联动机制,增强学生实践技能。

3. 实施"科研导师制",提高专业人才培养质量

从大二开始实施科研导师制,指导本科生阅读专业文献,帮助学生确定学术研究方向,指导学生参与科研课题和各类竞赛,促进课堂学习与课外科研紧密结合,提升人才培养质量。

4. 加强毕业论文过程管理,提升毕业论文质量水平

重视毕业论文质量,不断完善本科生毕业论文管理和推优评优办法,加强论文指导过程监管,规范毕业论文答辩各环节,严肃处理学术不端行为,提升毕业论文质量水平。

五、加强师资队伍和基层教学组织建设的主要举措及成效

本专业目前有 14 名教师,其中教授 2 人,副教授 6 人,讲师 5 人,助教 1 人;其中具有博士学位的 6 人,在读博士 4 人。

1. "外引"与"内育"相结合,提升师资学历层次

近年引进留学海外的青年教师 3 人,选派青年骨干教师到中山大学、浙江大学访学,选拔 4 名青年教师在职攻读博士学位。

2. 加强教学科研团队建设,提升服务地方能力水平

统筹规划教师的研究方向和教学课程,建立教学科研团队,发挥老教师的传、帮、带作用,积极服务地方医改事业,为地方医改发展

建言献策。教学科研团队先后承担湛江和东莞两地横向课题 8 项。

3. 扎根本科教学主业，提升教学能力水平

落实"以本为本，四个回归"本科教育指导思想，举办"第三届中国医疗保险教育论坛"，组织教师参加教学技能比赛，先后有 2 名教师获"中国医疗保险教育论坛"教学竞赛第二名（2018 年、2020 年），1 名教师获得湛江 2020 年首届高等本科院校青年教师教学技能竞赛二等奖。

六、加强专业教学质量保障体系建设的主要举措和成效

1. 加强师德师风建设，发挥资深教授的示范引领作用

师德师风建设是高质量教育教学工作根本保证，通过定期举办师德师风和教学科研技能讲座，提高教师的思想素质和敬业精神，强化教师教学育人的主体责任。坚持教授 100% 为本科生上课，发挥资深教授在师德建设、团队建设和教学科研方面的示范引领作用。

2. 抓好教学制度和教学规范建设，保障教学质量稳步提升

不断完善本科教学制度和教学规范是提高教学质量的基本保证。制定并不断完善《课程标准》《实习教学质量标准》《毕业论文教学质量标准》《本科生毕业论文工作实施细则》《本科生双导师制实施细则》《制卷和考试工作规范》等，认真落实备、教、批、辅、考、评等各环节的过程管理。

3. 抓好"有效课堂"建设，巩固课堂教学的主阵地

课堂教学是提高教学质量的主阵地，把"构建有效课堂"当作抓教学质量提高的重要手段，开展"金课"、专业思政课程、教学模式改革示范课、线上线下混合教学深度融合示范课建设，落实教研活动、检查考评、总结汇报、课堂延伸五环节等一系列措施，使之成为提高教学质量的可靠保证。

4. 加强教学质量监控，开展校院系三级教学工作评估

完善学生评教制度和教学质量监控机制，规范教学检查、督导、教学基本状态数据采集、教师教学评价制度，加强教学质量意见反馈

和督导意见沟通，促进专业教学工作不断提高和协调发展。

七、毕业生培养质量的跟踪调查结果和外部评价

根据学校本科质量调查数据（2017~2020年），本专业本科生初次就业率稳定在95%左右，就业方向主要是医疗保险部门、医院医保部门、健康管理机构从事与专业相符的工作，与培养目标基本一致。

根据麦可思－广东医科大学2019届毕业生培养质量评价数据，用人单位对本专业毕业生道德素养、敬业精神、知识结构、专业技能、适应能力、沟通能力、团队协作、文化素养都较为满意。用人单位对本专业毕业生综合评价方面优秀率达到80%，称职率15%，基本称职率5%。许多毕业生3~5年内成为所在单位的业务骨干和中高级管理者。

八、下一步推进专业建设和改革的主要思路及举措

坚持"以本为本、四个回归"本科人才培养理念，以立德树人为根本任务，以新时代医疗保障改革发展对专业人才的需求为导向，落实"三全育人"人才培养方略，充分挖掘我校医学学科优势和医学课程资源优势，不断优化"多元主体协同育人、产学政研一体化"人才培养模式，将本专业建设成为国内具有较大影响力、声誉良好、特色鲜明的应用型复合型一流本科专业。主要举措有：

1. 坚持以本为本，突出本科生培养在专业建设中的基础性地位

各项资源向本科生培养倾斜，一切工作以本科人才培养为根本目的。坚持教授为本科生授课制度不动摇。以科研优势促进人才培养，反哺本科教学，真正形成科研与教学的良性互动。

2. 专业教学与思政课堂相结合，积极推动课程思政、专业思政建设

结合本专业在医疗保障、公共管理、健康经济领域研究特长，组建课程思政教学团队，做好"大思政格局下如何讲好中国故事"的课题，发挥本专业在社会治理、医疗健康保障方面专业思政的作用。

3. 完善本科教学相关政策，规范教学管理制度

完善涵盖理论教学、实践教学、毕业设计（论文）、考试考核、教材选用等教学活动各环节质量标准，分步推进风险管理、公共管理学、人伤查勘与理赔、医疗保险学、医疗保险基金管理这 5 门核心精品课程建设，凝心静气做好本科教学和人才培养工作。

4. 坚持深化实践教学改革，多渠道提升学生专业技能

加强多主体协同育人机制建设，在实习见习、人才培养方案修订、学生就业指导等方面深化与育人联盟的合作。以申报教育部校企合作育人项目为契机，加大专业核心课程实验教学软件和虚拟仿真实验平台建设，提升实验教学质量。全面实施双导师制和科研导师制，提升学生科研素养和专业实践技能。

5. 坚持"引 - 聘 - 培"相结合，提高专业教师教书育人能力

充分利用广东省高等教育"冲一流、补短板、强特色"提升计划、"海外高层次人才论坛"等渠道，加大高端专业师资的引进和培养力度。通过进修、访学等途径，全面提升教师胜任力，逐步打造一支具有国际视野、素质优秀的专业师资队伍。

撰稿人：

曾理斌　广东医科大学人文与管理学院专业负责人

第七节　广西医科大学医疗保险人才培养案例

一、培养目标、专业定位、历史沿革和特色优势

1. 专业名称

医疗保险。

2. 培养目标

本专业培养目标是培养具备"以人为本、公平正义"的专业价

值观；掌握社会医疗保障及相关的医学、管理学的理论、技术与方法等基本知识，熟悉相关政策与法规知识，具有良好的社会责任感、职业道德和人文素养，具备较强的专业技能、沟通能力、读写能力；能在以医疗保险部门为主的各级各类社会保障管理或经办部门、商业性保险机构、医疗卫生机构、高等院校、科研机构、大中型企业人力资源管理部门从事与医疗保障领域相关的管理、研究及经营工作的复合型应用人才。

3. 专业定位

本专业的定位与学校的发展相辅相成。本校作为广西高层次医学人才培养的重要基地，承担起为区域培养适应新时代需要的医疗保险专业人才的责任，充分体现学校"以社会需求为导向，立足广西，面向全国，辐射东盟"的服务定位。

4. 历史沿革

学院于 2010 年开始招收公共事业管理专业（社会医疗保障方向）本科生，2013 年开始招收公共事业管理专业（社会医疗保障方向中外合作办学项目）本科生，是全国较早开办此专业的高校之一，2020 年获批医疗保险专业。

学院于 2012 年增设社会保障二级学科硕士学术学位授权点。

5. 特色优势

以培养特色鲜明的应用型人才为目标。一是培养目标定位独特性。根据国家和区域经济社会发展需要，尤其是医疗保障事业发展的需要，立足广西、面向全国，培养以公共管理为基础，医学、经济学、保险学等多学科交叉融合的复合型应用人才；二是有机整合，形成"新医科"特色的培养方向。整合、利用和发挥我校以医为主，理、工、文、管、法等多学科协调发展的资源优势，文理结合，拓宽学生的知识视野，厚实学生的医学知识沉淀，提升学生的综合素质和增强学生的社会适应能力。

二、毕业生就业（升学）情况

公共事业管理（社会医疗保障方向）2019 年共有毕业生 29 人，

2020 年共有毕业生 30 人，2021 年共有毕业生 59 人。就业率均在 93% 以上。

根据三年数据来看，社保方向毕业生以医疗卫生单位、政府机关为主要就业单位，由 2019 年的 48.15% 增长到 2021 年的 72.88%；而选择去企业单位和升学的应届毕业生正在逐年减少，从 2019 年企业单位占比 22.22% 到 2021 年占比 11.86%，占比减少近一半，同时社保方向毕业生升学比近三年出现较大的起伏，从 2019 年的 25.93% 下降到 2021 年的 1.69%，又从 2021 年的 1.69% 上升到 2022 年的 11.69%。

三、获省部级及以上奖励和支持情况

2016 ~ 2021 年，学院公共事业管理专业获批广西本科高校特色专业及实验实训教学基地（中心）建设项目，列入自治区级一流本科专业建设点。专任教师获得了 1 项国家社科基金，3 项国家自然科学基金，8 项省部级项目，承担自治区和各市卫健委横向课题 20 余项，获得资助经费共 500 多万元；获广西第十五次社会科学优秀成果奖二等奖 3 项；发表 SCI、SSCI 论文 8 篇、核心期刊论文近 20 篇，学术专著 3 部。获批成立广西高校人文社会科学重点研究基地 1 个，每年获得政府资助经费 80 万元，4 年共 320 万元。医疗保险学科教师获自治区级教学成果二等奖 2 项，多位老师副主编、参编多部由科学出版社组织的国家级规划教材"医保系列教材"的编写。

四、深化专业综合改革的主要措施和成效

1. 构建协同育人新模式

（1）加强政府学校协同、校研协同、校企协同、医教协同育人四类实践教学基地建设。学校负责指导、考核；学院发挥专业优势，负责基地建设与管理；基地负责主体投入；形成学校、学院、基地三级实践教学基地建设与管理模式。

（2）聘请政府部门、科研院所、行业企业等人员作为学校各专业建设指导委员会成员，充分发挥他们在人才培养方案制定、课程设计、教材开发、协同育人平台建设、教学团队建设中的作用。

（3）建立学校教师进入行业、企业实践，行业、企业人员进入学校教育科研双向交流机制，聘任符合资格的人员为学生授课。

2. 不断深化课程改革实践

（1）不断优化和整合医学类课程，使课程体系能很好地契合医保岗位胜任力的需要。对教学内容、课程体系、教学方法、实践环节、学生评价等涉及人才培养环节的全过程进行整体研究和设计，使创新教育有机融合到医疗保险专业教育之中。

（2）结合专业课程特点和学科特色，创新课程思政教育模式，挖掘专业课育人元素，形成"医疗保险＋思政"等微课课程思政素材库。

3. 成效

本专业获评广西高校本科特色专业建设点。

五、加强师资队伍和基层教学组织建设的主要举措及成效

主要举措：（1）加强先进教育教学理念和教学方法培训，特别注重提高教师的教学业务能力；开展教师教学能力提升项目，如青年教师、教学名师培育项目，骨干教师教学能力提升项目等；建设特色教学团队，如翻转课堂、PBL等；（2）研究并实施教师分类培养与考核机制，修订完善现有的教学激励制度，激发教师教学的积极性。（3）加强师德师风建设：加强职业理想和职业道德教育；研究并科学、合理地开展师德考评；强化学术道德教育。

成效：建立了一支专业背景、年龄、学历和职称结构更加科学合理的教师人才队伍。2016～2021年引进和培养博士6名、博士后1名，国外访问学者2名，博士学历教师占比超过50%。已自主建设完成医疗保险学、医疗保险基金管理两门线上课程。

六、加强专业教学质量保障体系建设的主要举措和成效

学院深入落实贯彻上级部门相关文件精神，教研科负责学院的教学质量监控工作，及时向校教学质量监控委员会和相关部门进行反馈，接受学校教学质量监控委员会的检查与指导；根据学校下达的教学质量管理规章制度和教学质量评估工作文件，部署本院（系、部）的评估计划，依据学校的教学质量监控和评价标准，组织开展本院（系、部）的评教、评学等教学质量监控工作；对本院（系、部）评估中发现的问题进行分析研究，提出整改与建设措施，全面改进本院的教学工作；围绕课堂教学及实践教学组织对教师的课前教案、集体备课、试讲、课堂教学进行评估；负责学院考试工作的组织实施、自查以及整改工作；每年提交本院上一年的本科教学质量报告。在课程教学过程中，学生参与评教、评学、评管等教学活动环节。

近年来，学生和校院两级教学督导员对本专业教师的课评优良率均在 90% 以上。

七、毕业生培养质量的跟踪调查结果和外部评价

对用人单位开展了"2019 届本科毕业生质量跟踪调查"，本次调查共收到 539 家用人单位的调查问卷，其中政府机关 10 家（1.86%）；事业单位 327 家（60.67%）；按级别来统计，被调查单位属于省（区）级单位的有 86 家（15.96%），市级单位 195 家（36.18%），县级单位 182 家（33.77%），调查结果如下。

1. 用人单位总体满意度高、毕业生技能与就业岗位匹配度高

用人单位对我院毕业生总体满意度达 99%，97.96% 的用人单位认为毕业生的专业技能符合他们的岗位需求。

2. 综合素质能力评价高

毕业生综合素质和能力评价有专业素质、综合能力素质和人格素质 3 个维度共计 28 个分指标，评价分为"好、较好、一般、较差、

差"五个等级。用人单位对 2019 届毕业生综合素质和能力的整体平均评价较高，评价为较好以上的比例合计为 95.73%。对 2019 届本科毕业生在工作态度、专业理论、专业技能、科研能力以及逻辑思维能力、团队协作能力等综合素质和能力评价中，用人单位给予好评率达 90% 的指标有 26 项，好评率 80% 以上的指标有 2 项（外语水平、科研能力）。

八、下一步推进专业建设和改革的主要思路及举措

1. 加强实践教学基地建设，完善校企协同育人平台

通过修订实践教学管理制度，不断改进和完善校企协同育人平台。通过不断深化校企合作，搭建见习、实习、就业一体化平台，完成专业课程见习、毕业实习教学实践活动，最终在行业企业、用人单位实现就业，形成"学生、学校、行业"三赢的可持续的校企合作办学模式。

2. 推进课程教学改革，倡导混合式学习模式

推进"以创新精神培育为导向、任务为驱动、学生为主体、教师为主导、理论与实践一体化"的课程体系改革和课程开发。通过改革课程的教学内容及教学方法、教学实践环节等，倡导自主学习 + 小组合作学习 + 研究性学习等混合式学习模式，提高学生的学习能力和创新意识。

3. 以批判性思维和沟通写作能力为核心，全面提升学生的综合素质

针对新时代及高风险社会等种种挑战，学院将继续完善提升已经开设的批判性思维与伦理推理、沟通与写作两门公共必选课。这两门课程将贯穿本专业本科教学的前三年，每一个学期都将开课，形成一个持续、持久的教育过程，努力提高本专业学生的综合素质和竞争力。

4. 组建"课程思政示范教学团队"，营造思政育人良好局面

积极选派专业教师参加各类课程思政培训，提升教师的政治素

养。用身边人讲身边事，邀请身边模范人物、战疫英雄等多名医学大咖走进课堂言传身教，积极开展"课程思政"说课、授课比赛，表彰推介学科特色鲜明、育人效果良好的课程思政示范课程。

撰稿人：

王前强　广西医科大学人文社会科学学院院长

黄李凤　广西医科大学人文社会科学学院专业负责人

朱平华　广西医科大学人文社会科学学院教师

朱晓宇　广西医科大学人文社会科学学院教师

第八节　广州中医药大学医疗保险人才培养案例

一、培养目标、专业定位、历史沿革和特色优势

1. 专业名称

保险学（医疗保险方向）。

2. 培养目标

本专业培养热爱祖国，维护社会主义制度，遵纪守法，具备健全的人格，良好的心理素质和合作精神，具备创新精神、创新意识和良好的创新创业能力，适应社会主义现代化建设所需的德、智、体、美全面发展的人才；培养掌握扎实的管理学、经济学、社会保障学与人身保险学理论，具备一定的医学、药学、法学、精算学的理论知识，熟悉健康保险的基本政策和法规，熟练掌握健康保险业务操作的基本技能和方法，能胜任社会保障、医疗服务、健康保险、保险中介、保险监管、金融等机构中与健康保险相关的技术与管理工作，培养具有较高的统计分析能力、外语和计算机运用水平的复合型应用型人才。

3. 专业定位

本专业以中医药为特色，以健康保险为核心；立足华南地区发达的金融产业、医疗产业和养老产业；以广州中医药大学附属医院为依托，以我国大健康与卫生事业发展规划为指导；以满足现代医学和中医药事业在健康保险领域的市场迫切需要；以健康保险、医疗责任险、护理保险为优势；力争成为我省乃至全国健康保险、护理保险等专业人才的重要培养基地。

4. 历史沿革

保险学专业（医疗保险方向）创办于 2013 年，一本招生，年招生人数 40 人左右。由于学校双一流学科建设需要缩招非医类专业数量，学校于 2019 年暂停了保险学专业的招生。此后继续开设国际经济与贸易专业（医疗保险学方向）、公共事业管理专业（医疗保险学方向）。由于国际经济与贸易专业于 2021 年暂停招生。目前保留公共事业管理（医疗保险方向），学制四年，授予管理学学士学位。

5. 特色优势

本专业（方向）在结合保险学、社会保障学、人身保险、医疗保险理论的基础上，以中医药为特色，以健康保险、护理保险为方向，主要采用经济学的方法来研究和探讨华南地区乃至我国的健康保险领域的人才培养问题。

二、毕业生就业（升学）情况

广州中医药大学 2019~2021 年毕业生就业信息显示，保险学（医疗保险方向）就业率达到 99% 以上，就业方向大致如下：面向保险公司（占比 35%）、国内和出国读研（占比 20%）、银行、证券等金融机构（15%）、公务员体系、高校、医院等行政及事业单位（20%），其他类型单位（10%）；毕业生就业与专业契合度较高。

三、获省部级及以上奖励和支持情况

本专业教师教改成果获得广东省教学成果二等奖；成功申报校级

慕课健康保险学并顺利上线，在建的省级一流课程卫生经济学内含丰富的健康保险学内容；获评校级"教学名师工作室"；主编《健康保险学》教材、副主编《健康保障》《医疗保障学》等教材。获得国家自然科学基金 1 项，教育部面上项目 2 项；国家卫健委（原卫计委）项目 2 项；广东省社科规划办项目 6 项；广东省教育厅教改及高校人文社科项目 6 项；广东省科技厅项目 2 项；广州市社科规划办项目 4 项；教育部产学研项目 1 项；其他省级面上项目 3 项；公开发表论文 200 篇左右；本科生获得全国性学会学术论文大赛一等奖 2 次，二等奖 2 次，三等奖 3 次；大学生省级项目及奖励 15 次以上。2016 年健康保险教学团队获得学校优秀教学团队称号。

四、深化专业综合改革的主要措施和成效

1. 主要举措

（1）突出健康保险特色。健康中国是我国发展的重要理念，而健康保险又是保险业发展最迅速的领域。学院充分利用了医科院校的优势，特别是中医药方面的优势，在保险学专业人才培养上突出了"健康保险加中医药"这一特色。在课程设计上除了开足开够保险学专业的主干课程外，开设了一些医药和医药卫生管理方面的课程，在知识结构上凸显了医学、药学与健康保险的重要性。

（2）实施"双实"（实践与实验）教学模式，提高学生的技能水平。加强实验室建设和软件教学，提高学生模拟的动手能力；加强实践基地建设，提高学生的实操技能和综合素养；通过见习、社会调查、第二课堂、大学生"挑战杯""三下乡"等活动，提高学生分析问题和解决问题的能力。

（3）通过"3 + 1"培养模式提高学生就业竞争力。保险学专业（医疗保险）是新型的专业方向，更是一个实用性很强的专业。学院采用"3 + 1"培养模式，即前 3 年主要是理论学习和模拟实习，第 4 年即通过与中国人保、中国人寿、安联等保险公司形成协作关系，让学生进行相关的见习或实习，校企共同培养适合社会需要的应用型保

险人才。

（4）注重服务地方、服务行业，培养应用型专业人才。结合广东省是保险大省、生源主要是广东省内学生等情况，学院注重服务地方、服务行业去进行人才培养。自开办专业以来，积极与广东保监局、广东保险学会、中国人保、中国人寿等企事业单位合作，开展毕业实习、暑假见习、座谈交流等多种形式活动，同时引导学生结合广东实际开展了保险能力竞赛、保险社会调查、保险市场分析等活动。这样不仅让学生了解广东省的保险业现状，而且也扩大我校保险学专业的知名度，为日后学生就业提供了有力的保障。

2. 主要成效

学生在校学习的积极性和主动性空前高涨，学生的竞争意识增强，教师的服务意识突出，学生培养质量在学校表现突出。同门课程尤其是公共类课程的专业平均分在校表现优异，学生每门课程的出勤率几乎都达到 100%，任课教师对保险专业的学生学习情况、班级班风、学习态度等非常满意。学生尊重老师，老师认真培养学生的氛围非常突出，学生与老师之间的沟通高效而无障碍。保险专业学生在 4 年的大学学习生涯中，几乎每个学生都参与了大学生创新创业项目。

五、加强师资队伍和基层教学组织建设的主要举措及成效

1. 主要举措

健康经济学系（医疗保险方向）是依托 2013 年创办的保险学（健康保险）专业而逐步发展起来的。健康经济学系（医疗保险方向）积极支持教师参加出国访学、国内访学、学术交流、研讨班等培训项目，承担或参与各级各类相关科研与社会服务项目，支持青年教师在职攻读博士学位，有 4 名教师具有国外访学经历。

2. 主要成效

健康经济学系（医疗保险方向）专任教师积极作为，在国家自然科学基金面上项目、省级教学成果奖、省级领导批示、规划教材主

编、学术专著、SCI 论文、慕课建设等方面取得了许多成绩。2013 年以来，人均承担省部级以上项目 3 项，人均发表论文 20 篇左右，人均参与教材编写 1 部。

六、加强专业教学质量保障体系建设的主要举措和成效

保险学专业（医疗保险方向）严格按照学校教学制度、教学质量管理、实践教学、学生管理、考试管理、学位管理、教材管理、学风教风等制度进行教学，定期组织专业教师学习各个教学环节的质量标准，规范教师的职责和行为。

校企合作是扩充专业教学资源的重要方式，实习基地建设是学生进行专业实践的重要保障。学院为保险专业学生提供了 20 个实习实践基地，其中保险类的实习基地有 9 个，这些实习基地提升了保险学专业实践教学的质量。同时，鼓励学生参加各类培训、认证考试、比赛等，培养学生的综合素质。通过一系列的实践活动，进一步丰富学生的实战经验，增强学生的社会竞争力，获得较好的效果。

学院建设有广州中医药大学健康保险综合实验室，建成齐全的保险学实验实训教学基地。

健康经济学系充分利用教学督导工作组、学生教学质量信息反馈的评教结果，作为考核教师教学效果的重要指标。新冠肺炎疫情期间，组织利用网络课程、在线考试等教学方式，保障教学质量。

健康经济学系每年召开新生、应届毕业生的座谈会，跟踪已毕业的历届学生，收集其对专业教育教学等各方面的信息，从而不断提升教学质量。

七、毕业生培养质量的跟踪调查结果和外部评价

根据广州中医药大学 2019～2021 年毕业生就业质量年度报告显示，保险学（医疗保险方向）三年里向社会输送毕业生 101 人，初次就业率达到 95% 以上，升学率最高接近 20%。毕业生就业质量高，多名学生在复旦大学、暨南大学、西南财经大学、香港中文大学、英

国伦敦政治经济学院、德国海德堡大学等国内外知名高校就读硕士研究生，在中国人保、中国人寿、中国平安、泰康保险、百年人寿、安联保险等全球知名保险机构从事保险经营管理工作，多名学生在全国三级甲等医院从事医疗保险相关工作，多名学生通过公务员招录进入国家医疗保障部门工作。

八、下一步推进专业建设和改革的主要思路及举措

未来我们的医疗保险人才的培养，主要是通过公共事业管理专业（医疗保险方向）来进行，主要措施如下。

（1）进一步充实专业教师队伍，加大对教师科研能力的培养和支持力度，形成更专业的教学和科研团队。充分利用学院科研平台，加强与各级医疗保障局等校外机构交流与合作，推进"双师型"教师队伍建设，提升教师教学科研水平。

（2）采取各种形式的激励措施，引导教师进行教学改革与教学研究，进一步提高教学水平。深化理论教学，加强与实习基地、附属医院的联系，规范教学管理，努力获得高水平的教育教学研究项目、教学论文、成果奖等。

（3）进一步完善专业实验设施配备和相关实践基地的建设，为学生提供更好的实验和实践教学平台。逐步调整创新教学内容的比重，促进学生创新思维的培养和能力提升。

（4）在公共事业管理专业的建设下，重点发展健康保险、护理保险等方向。择机申报医疗保险专业，继而申报保险学专硕或者社会保障学硕士。

撰稿人：
周尚成　广州中医药大学经济与管理学院院长
李建国　广州中医药大学经济与管理学院专业负责人

第九节　贵州中医药大学人才培养案例

一、培养目标、专业定位、历史沿革和特色优势

1. 专业名称

医疗保险。

2. 培养目标

本专业培养德、智、体、美、劳全面发展，具备一定的中医药基础知识，掌握劳动和社会保障基本理论、专门知识和专业技能，具备公共意识、公共精神和公共责任，具有创新精神、创业意识和创新创业能力，能适应社会发展要求，在政府部门、劳动与社会保障部门、医疗卫生机构等企事业单位及相关社会团体、机构从事医疗保险管理、健康管理、卫生经济与管理、劳动就业、人力资源管理、社会保障与商业性保险运作与管理的高级复合型人才。

3. 专业定位

本专业办学立足贵州，面向全国，坚持以立德树人为根本，以服务经济社会发展为导向，紧密结合国家和地方战略发展需求，坚持从学院实际出发，不断提高教学质量、学术水平和办学效率。培养专业知识扎实、技能突出和具有创新思维的高素质人才，为医疗保障事业高质量发展服务，为"健康中国、健康贵州"服务。

4. 历史沿革

2003 年，经省教育厅批准，贵州中医药大学设置了劳动与社会保障专业（医疗保险方向）。2015 年，按照国家对所有专业取消方向的要求，本专业取消医疗保险方向，但仍保留了医疗保险专业的相关特色。

2021 年获批医疗保险专业。

5. 特色优势

本专业依托贵州中医药大学的中医药特色，拟为社会培养一批厚基础、宽口径，有一定医药学基础知识又掌握劳动与社会保障基本理论与实务的特色化人才。本专业实行"宽口径、厚基础、强技能、重能力"的培养模式，注重学生综合素质的提高，能很好适应社会需求。

二、毕业生就业（升学）情况

2019～2021 年综合就业率在 92% 以上。

三、获省部级及以上奖励和支持情况

2019～2021 年，本专业教师主持国社科项目 1 项，省部级科研项目 10 项，省部级教学改革项目 2 项，出版专著 4 部，主编或参与国家级、省部级教材编写 11 部，建设实验和实践教学平台 1 项，获得省级专业建设点 1 个，获得教学成果奖 1 项。本专业学生获得省级以上比赛奖 5 项。

四、深化专业综合改革的主要措施和成效

1. 人才培养内容

本专业要求学生热爱祖国，拥护中国共产党的领导；具备良好的专业素质、人文素养和科学素养。培养学生掌握劳动与社会保障基本理论、基本知识、基本技能和基本研究方法。要求学生具有认识问题、分析问题和解决问题的基本能力，具有一定的创新精神、创业意识；具备计划、组织协调和沟通能力、应急管理能力、团队合作能力；较强的语言和文字表达能力。

2. 人才培养措施

（1）教师队伍建设。学院实行专业负责人制度，教授、副教授教师每学年必须为本科生授课，授课内容涉及大部分核心主干课程。专业教师在强化教学管理、保证教学质量的同时积极参与教育教学改

革和教育教学研究，全方位提升教师的教育教学水平。

（2）教学实践基地建设。学院和贵州省人社厅及其下属的社会保险机构建立了良好的合作关系。此外，学校还要求学生在寒暑假开展生源地见习、做社会调查，通过这项活动，促使学生更多关注社会、关注民生，学会观察和思考并学会撰写调查报告。

（3）教学内容建设。学院本着高起点、高标准的原则，专业课程均选用教育部推荐教材或国家级获奖教材。实验室建设方面，本专业拥有 1 间设备先进的人文社科多媒体综合实验室，实验室装备 HR 人才测评教学实验系统和社会保险经办软件等最新的管理软件和模拟沙盘。另外，可共享 MPA 综合实验室。

3. 人才培养制度

落实"以学生为中心"的各项教学管理制度。每门主干课程必须有完整的教学资料；建立教学档案；以教研室为单位，定期开展教研活动和集体备课；学生考试方法从单纯的应答性向多样化转变；鼓励教师加强教学方法的改革；抓好教师年度考核，进行有效的教学质量监控；实行"班导师制"，对学生进行专业引导、辅导。

4. 人才培养评价

本专业学生表现出较高的综合素质。在理论学习上，学生基本理论扎实、基本技能水平较高。在创新精神与实践能力上，学生表现不俗，在校学习期间积极申报并完成大学生创新创业项目，发表高质量的专业论文。在实习及工作岗位上，本专业学生普遍受到用人单位的肯定和好评。

五、加强师资队伍和基层教学组织建设的主要举措及成效

1. 师资队伍建设

我校实行专业负责人制度，由管理类教师主要承担本专业学生的培养工作。根据学科发展需要，加大对博士、硕士人才培养力度；支持教师进修、参加优质学术交流；有计划地引进高层次人才或学科带头人；广泛联系国内外名校，聘请该领域名师为兼职教授。建成了一

支以中青年教师为主，基础理论扎实、科研创造潜力强，热爱教师事业、潜心于教书育人与科研创新活动的高素质的教师队伍。

2. 基层教学组织建设

（1）教学实践基地建设方面。学院和贵州省人力资源与社会保障厅及其下属的各社会保险机构建立了良好的合作关系，贵州省各市县社保局、医保局、卫健局可满足本专业学生实习。此外，学院还要求学生在寒暑假开展生源地见习、社会调查，促使学生更多关注社会、关注民生，学会观察和思考问题并撰写调查报告。

（2）教研室与实验室建设。以教研室为单位，定期开展教研活动。学院综合实验室以及管理类软件能够满足培养学生的需要。

六、加强专业教学质量保障体系建设的主要举措和成效

1. 教学质量保障体系

针对本科教学的全过程、全要素建立全方位的质量保障体系。从师生双方进行教学质量监控，在抓好教师的备课、上课、辅导答疑、作业批改等的同时也对学生的课前预习、课堂听课、课后复习等进行全程监控。同时，在学校及学院层面成立专门教学指导小组和教学督导小组，负责教学质量保障及监督。通过学生座谈、听课查课、教学督导检查、学生评教、动态监察等方式来实施教学监测。

2. 教学质量提升

加强教师的"以赛促教"和学生的"以赛促学"。学院每年会举行教学基本功交流活动；针对实践性较强的课程，举行实践操作大赛；鼓励引导学生积极参加大学生创新项目及教师科研课题，使学生能在科研中运用课堂中所学的知识及方法，培养学生的思辩能力、科研思维及科研写作能力，使学生得到充分的锻炼。

七、毕业生培养质量的跟踪调查结果和外部评价

根据教育部提高高等教育人才培养质量的有关文件精神，学院委托第三方高等教育管理数据与解决方案专业机构公司进行毕业生培养质量评价工作。

报告显示，本专业 2019~2021 年平均就业率达 94.27%，与专业相关度 79.66%，毕业生对就业现状满意度达 98.25%，86.26% 的毕业生在本省工作，符合我校办学定位；校友对母校的满意度高达 95.42%，对任课教师的满意度的 97.83%。

对本专业毕业生所在单位的调查咨询表明，用人单位对本专业毕业生的专业素质和职业道德予以充分肯定。

我校本专业毕业生对自身现状的满意程度、对母校的整体满意程度、创业积极性、就业稳定性以及职业发展连续性均明显高于全国平均水平，在工作与专业相关度、核心课程满足度情况良好。

八、推进专业建设和改革的主要思路及举措

1. 建设目标

根据本专业培养目标的要求，按照一流专业建设的标准，进一步完善师资队伍建设，优化课程建设和教材建设，充分搭建专业平台，改进教学方法和教学手段，重视服务社会能力，从而为政府、劳动与社会保障部门、医疗卫生机构等输送大量的高质量的复合型人才。

2. 主要举措

（1）完善师资队伍建设。师资队伍是专业建设强有力的支撑，目前，学院在劳动与社会保障专业师资团队结构上，正高级职称教师较少，博士生教师比例稍低，教学名师空缺。在未来的建设中，继续提升学历，重视科研能力的提升，积极申报国家级、省级研究课题，撰写并发表高级别的论文，提升学术领域的知名度和影响力；不断提高教学水平，积极参加教学比赛，以赛促学，以赛促教，争取加入教学名师队伍。

（2）优化课程建设和教材建设。课程建设上，计划在 3 年内建设省级精品课程 1~2 门，包括医疗保险学、社会研究方法等；建设优质课程 5 门以上，包括社会保障概论、社会保险理论与实务等；完成 5 门课程的试题库建设。在教材建设方面，本专业已主编、参编了

规划教材 5 部，需要进一步推动本专业自编实践教材编写工作。

（3）充分搭建专业平台。目前，本专业仅有 1 间多媒体综合实验室及共享 MPA 综合实验室，学生实习基地主要涉及社保、医保部门。为了更好地完成培养目标，需要进一步建设虚拟仿真实验平台、社会保障研究中心及商业保险"校企合作"基地。

（4）改进教学方法和教学手段。本专业理论联系实际的内容较多，可多采用 PBL 教学法培养学生发现问题和解决问题的能力；采用案例教学法，引导学生思考、分析问题，培养思辩能力、团队协作能力。同时，重视第二课堂，将理论学习与实践比赛、大学生创新项目结合，达到以赛促学的目的。

（5）重视教学效果的运用。推行双师型教师，专业教师积极开展社会服务，一方面增加教师的社会实践经验，另一方面能够搜集到更多的教学案例，服务教学。

撰稿人：
刘维蓉　贵州中医药大学人文与管理学院副院长
胡期丽　贵州中医药大学人文与管理学院专业负责人

第十节　湖北经济学院医疗保险人才培养案例

一、培养目标、专业定位、历史沿革和特色优势

1. 专业名称

医疗保险。

2. 培养目标

本专业培养德智体美劳全面发展，具有良好的人文与科学素养和现代公共精神，掌握比较扎实的经济学、管理学、医疗保障方面的基础知识、基本理论和基本技能，熟悉当代医疗保险理论和方法，具备

较强创新意识和实务能力的"有思想、有能力、有担当的实践、实用、实干"复合型人才。毕业生能够在医疗保险机构从事医疗保险决策与基金运营监管，在各级医院从事医疗保险管理，在商业保险机构从事医疗审批以及核保与理赔等相关工作。

3. 专业定位

本专业基于湖北省内人才需求，面向医疗保险相关行业培养懂经济、会管理的高素质、复合型、应用型人才。

4. 历史沿革

2004年公共事业管理（劳动与社会保障方向）全日制专升本招生，2012年劳动与社会保障专业获批本科招生，2013年与中南财经政法大学联合培养硕士研究生，2021年医疗保险专业开始招生。

5. 特色优势

（1）专业师资力量雄厚。拥有教授2人，副教授2人。博士化率100%，双师型教师占比48%。

（2）专业教师教学科研成果突出。2019～2021年获得与专业相关的省部级教学成果奖2项，在研和完成省部级以上教学研究项目5项，科研项目20余项。

（3）校政行企协同育人。学院与湖北省人大常委会、湖北省人社厅、湖北省医保局、湖北省税务局、湖北省医疗保险研究会等医疗保险实务部门建立了长期合作关系，形成了校政行企协同育人的格局。

（4）产学研一体化培养模式。依托湖北省医疗保险经办机构、人福医药集团、康泰保险集团等大型企事业单位，建立了生产、教学和科研的一体化培养模式。

二、毕业生就业（升学）情况

本专业每届毕业人数30～40人，每年就业率（含升学和自主创业）维持在90%以上。2019～2021年考研平均升学率15%，公务员（事业单位）平均就业率12%。

三、获省部级及以上奖励和支持情况

2016～2021 年该专业综合改革先后获得湖北省第七届、第八届高等学校教学成果奖 2 次。从美国引进外专百人计划教授 1 人、聘请人力资源和社会保障部和国家公务员局专家担任特聘教授 2 人、从其他知识高校柔性引进教授 1 人担任医疗保险改革协同创新中心主任。

四、深化专业综合改革的主要措施和成效

1. 主要举措

（1）创新人才培养模式。一是积极探索"一制三化"人才培养方式，优化人才培养方案；二是充分合理利用外部资源，打造"全方位"立体化人才培养模式。

（2）校政行企协同育人。基于学院与湖北省医疗保障局、湖北省人力资源和社会保障厅等政府和企业的长期合作关系，充分打造"校政行企"多元合作机制，协同培育本专业人才。

（3）产学研一体化培养。围绕医保、医药、保险等产业链条，依托湖北省医保经办机构、人福医药集团、泰康保险集团等实践基地，通过产教融合、科教融合等方式，提升产学研一体化培养水平。

（4）以"金课"建设为抓手深入推进课程改革。以精品课程和国际化课程为基础，将公共政策学、医疗保险学等课程建设成为"金课"。同时，加强 MOOC 课程的建设，将社会保障学、健康经济学建设为 MOOC 课程。

2. 主要成效

（1）深化并巩固了校政行企协同机制，合作质量得到了加强。2019～2021 年，实务专家进课堂每年 3 人次、共建实习基地 2 个。

（2）政策性研究成果突出，服务社会效果显著。2019～2021 年，专业教师多次主持或参与国家医保局、省人社厅、省医保局等调研课题，1 项成果被湖北省部级领导签批，主持（完成）国家级课题 3 项，省部级课题 7 项，出版专著 8 部，在权威和核心期刊上发表论文

30 余篇。

（3）就业质量明显提升，毕业生深受用人单位好评。据麦可思数据有限公司调查统计，本专业毕业后三年内继续深造比例16.7%，公共部门就业比例11.6%。其中，14 人考入名校深造，9 人考入国家机关就业，毕业生深受用人单位好评。

五、加强师资队伍和基层教学组织建设的主要举措及成效

1. 加强师资队伍建设的措施及成效

（1）盘活存量、外引人才，优化师资结构。2019 ~ 2021 年，引进境内外博士4 人，柔性引进高层次人才1 人。已形成由特聘教授4 人、专任教授2 人、副教授2 人、讲师7 人组成的教学梯队。

（2）挂职锻炼、海外访学，提升"双师型"队伍比例。2019 ~ 2021 年，每年选派2 ~ 3 名教师出国访学、国内进修、挂职锻炼，有海外访学经历的专任教师占比40%。

2. 加强基层教学组织建设的措施及成效

（1）优化基层教学组织体系。形成了"系—专业负责人—课程组"三层次基层教学组织体系，严格推进各层次教研计划的落实。实施月度教学研讨、季度集中备课、学期教案更新、年度教学总结的良好运行机制。

（2）加强基层教学组织的人员和经费保障。赋予系主任更多的经费使用权限，加强对专业负责人的筛选和考核，确保基层教学组织的顺利运行和教学各环节的良性运转。2019 ~ 2021 年教师考核合格率100%，教师的教学质量评价均位列全校前40%。

六、加强专业教学质量保障体系建设的主要举措和成效

1. 主要举措

（1）完善教学管理制度，严格执行教学质量标准。第一，加强教学委员会制度、教学督导制度、教师听课评估制度、学生评教制度等制度建设。第二，严格执行日常教学监控与督查，配合教务处实施

开学、期中、期末以及常规和专项教学检查，确保各主要环节教学质量标准科学严谨。

（2）健全质量监控评价机制，以教学评价作为教学绩效考核标准。第一，严格实行制度化、常态化的教学质量监控机制，严格落实查课、听课、评教制度，教学全过程检查和督导检查贯穿学期始终。建立教学质量评价与反馈整改机制，确保教学质量节节提升；第二，坚持学生评教与督导评教相结合，评教结果关联职称评定与年度考核的制度，拉紧教学评价这根弦，确保教学不松劲。

（3）强化实习实训的动态管理，不断提升实践教学质量。第一，建立实习实训制度，加强实验室教学建设，具体落实到人；第二，严把毕业论文（设计）质量关，严格控制论文重复率，严格实行论文过程和答辩流程管理，实行论文"三辨"制度。第三，强化实践教学培养环节，不断改进实验课教学内容，加强第二课堂、专业实习的全过程管理。

2. 成效

（1）学生学风、考风大幅提升。课堂参与率明显提升，学生课堂到课率平均在94%以上，该专业学生近3年无考试违纪发生。

（2）学生学术氛围明显增强。近3年，该专业大学生创新创业项目立项7项，科研立项11项，社会实践立项7项，学生获省级及以上奖励10人次。

七、毕业生培养质量的跟踪调查结果和外部评价

1. 毕业生培养质量跟踪调查结果

毕业生培养质量显著提升。从跟踪数据看，毕业生毕业后三年内继续深造比例为16.7%，其中，多数进入中南财经政法大学、西南财经大学、华中科技大学等"985""211"名校深造。公共部门就业比率为11.6%，就业地域以湖北为主，约占70%。

2. 外部评价

用人单位对毕业生的认可度较高。根据麦可思调查，毕业生专业

教育认可率100%，专业课程满意度为82%。调查表明，2019～2021年用人单位对医疗保险专业毕业生的思想政治修养、专业技能、动手能力和团队精神等方面总体评价较高。

八、下一步推进专业建设和改革的主要思路及举措

1. 以"大医保大健康"为主线加大人才培养模式改革力度

以教育部教学质量国家标准为基本要求，以培养地方应用型人才为目标，以医疗保险人才需求为主线，从人才培养体系、课程设置、课程改革、实习实训和素质教育等方面提升本科教学质量，培养学生"公共服务"情怀和"大医保大健康"的专业素养，培养学生从事医保和保险业务的专业技能。

2. 继续优化师资结构，充实教师队伍

第一，每年补充1～3名博士人才，进一步优化师资结构，形成一支年龄、学缘和职称结构合理的教师团队；第二，注重年轻教师培养，通过"传帮带"、教学观摩与竞赛、访学与下派等形式提升教师的教学和科研水平。每季度至少组织一次教学观摩，每年选派1～3人海内外访学或挂职锻炼。

3. 积极开展教学研究与改革，提升教师教学水平

加强基层教学组织对教学内容、方法、手段等环节的研究，利用现代化网络平台，改革课堂教学形式，构建线下学习、线上讨论和翻转课堂教学，促进师生间互动交流、学生自主式学习精神。每月组织教学讨论会，广泛收集学生对教学的意见，不断改进方法提高教学质量。2021年，以《面向公共部门的立体化人才培养模式构建》省级教研项目为基础，加强"金课"建设、实践教学等方面研究，申报第九届湖北省教学成果奖。

4. 加强平台建设，深入推进协同育人机制

加强校内外实践教学基地建设，逐步建设开放创新平台，为实现培养目标要求和形成专业特色提供必要支撑。利用现有的政府和企业资源，新建校外实习基地1～3个。深入推进协同育人机制，加大行

业导师参与人才培养的力度，全程参与培养方案制定、教学、实训和答辩等教学环节。

撰稿人：

余军华　财政与公共管理学院专业负责人

第十一节　湖北医药学院医疗保险人才培养案例

一、培养目标、专业定位、历史沿革和特色优势

1. 专业名称

公共事业管理（医疗保险方向）。

2. 培养目标

本专业培养适应我国经济建设和医疗卫生事业发展需要，熟悉我国医疗卫生及社会医疗保障现状，能在医疗卫生、社会保障和保险等单位从事卫生与社会保障管理、医疗保险营销与理赔等具体工作的应用型高级管理人才。

3. 专业定位

本专业面向鄂豫陕毗邻地区卫生健康行业，培养掌握医学、管理学、医疗保险学或卫生法学等知识，能从事卫生与社会保障、医疗保险营销与理赔的管理工作，具有良好性格素质、创新精神和实践能力的高级应用型复合人才。

4. 历史沿革

1993 年开办，是全国最早开办医疗保险专业的院校，并与美国加州州立大学北岭分校合作办学，开展"2＋2"联合培养双学士学位生项目。

2020 年，获得公共管理硕士学位授权。

5. 特色优势

（1）课程体系优。开设医学、管理学、法学、经济学等学科门类的专业基础课和专业课，并开设人文社科类课程，培养复合型人才。

（2）专业定位准。面向卫生健康行业，培养了大批既懂医学和管理学，又懂医疗保险学或卫生法学的专业复合型人才。

（3）实践条件强。建设有管理科学实验室、模拟法庭、虚拟仿真室等多个校内实训场所，拥有卫健委、疾控中心、20 余家综合性三甲附属医院等专业实习基地。

（4）培养出口宽。就业去向为大中型医院、医保中心、疾病预防控制中心、法律机构、社保中心、保险公司、政府行政机关和高等院校等单位，就业范围广。

二、毕业生就业（升学）情况

2018～2020 年来我院公共事业管理（医保方向）专业向社会输送毕业生共计 100 余人。公共事业管理专业（医保方向）就业率达 80% 以上，就业形势向好。

三、获省部级及以上奖励和支持情况

我院卫生管理与卫生事业发展研究中心获批湖北省普通高等学校人文社会科学重点研究基地。

四、深化专业综合改革的主要措施和成效

1. 主要举措

（1）以新文科建设理念为先导，大力推进专业建设。适应健康中国建设需求，以新文科建设理念为先导，在培养理念、模式、方法和手段等方面进行了全方位改革。

（2）以本为本，定期调整人才培养方案。依据学校办学特色，公共事业管理（医疗保险方向）专业教学质量国家标准等要求，适应社会对公共管理人才的需求情况，优化课程设置和教学计划，定期

调整人才培养方案，使得人才培养与社会需求契合度更高。

（3）践行"三全育人"，实行"本科生导师制"。建立"本科生导师制"，坚持"一人一师"人才培养模式，发挥教书和育人的双重作用。在大学生创新项目、大学生创业项目、暑期社会实践、导师科研项目参与等方面，指导老师全程参与学生培养过程，切实践行"三全育人"的教育方针。

（4）强化实习基地建设和制度建设。多年来，与政府医保部门、三甲医院、疾病预防控制中心、保险公司等多家社会组织机构签订了实习协议，并建立了稳固的实习基地。

（5）夯实日常教学管理工作。制定了教学日常工作管理的相关规定，使得听课、课程计划、备课、上课、作业布置与批改、课堂辅导与答疑、考试试卷制作、标准答案确定、考试、毕业论文选题、毕业论文指导、毕业论文答辩等教学环节有章可循。

2. 主要成效

（1）专业建设工作受到了教育部专家的高度评价。在教育部对我校进行的本科教学工作审核评估工作中，得到了教育部专家的充分肯定。我校公共事业管理（医疗保险方向）专业近 30 年来为社会培养了大批公益行业人才，人才培养方案有特色。

（2）教研项目获批和取得的教学成果显著增长。获批省级以上教研项目 9 项，省级以上教学成果 11 项。

（3）各类竞赛成绩优异，学生创新能力增强。市级以上获奖 2018 年 21 项、2019 年 25 项、2020 年 25 项，其中获得国家级学科竞赛奖 4 次。

（4）就业率名列前茅，用人单位评价良好。公共事业管理（医疗保险方向）专业 2019～2022 年连续三年毕业生一次性就业率较高，毕业生得到了用人单位的普遍好评。

五、加强师资队伍和基层教学组织建设的主要举措及成效

1. 主要举措

（1）坚持走培养与引进相结合的师资队伍建设道路。加大人才"外引"，同时做好"内培"。注重教师年龄、学历、职称的合理搭配，支持教师读博、留学、访学和外出进修。积极引进具有博士学位和高级职称的人才，聘用校外人员为兼职教师，构建多元化师资队伍。

（2）坚持构筑多样化基层教学组织和团队，以学科建设引领专业建设。制定教学团队和基层教学组织建设规划。目前，已经建立医疗保险教学团队。鼓励教师积极申报省校两级教学名师、优秀教学团队和优秀基层教学组织。

2. 主要成效

获批公共管理硕士点，拥有湖北省人文社科重点研究基地—湖北医药学院卫生管理与卫生发展研究中心，拥有 1 个湖北省优秀基层教学组织。专任教师中，高级职称教师占比 78.94％，具有博士学位占比 73.68％，形成了一支结构合理的高水平师资队伍。2018～2020 年发表 SCI 论文 20 余篇，发表 SSCI 和 CSSCI 论文 10 余篇，发表教科研论文 100 余篇。教师主持国家社会科学基金 2 项，国家自然科学基金 2 项，教育部人文社科基金 8 项。

六、加强专业教学质量保障体系建设的主要举措和成效

1. 主要举措

（1）健全教学管理体系。建立健全教学运行保障、质量监督和评价体系，确保教学顺畅进行。维护教学计划的严肃性，及时解决教学运行中的问题，确保教学质量稳步提高。

（2）定期组织教学督导。坚持规范开展教学法活动和干部、教师听课制度。积极开展同行评价、专家评价，帮助教师完善教学体系设计，提高教师授课水平。

（3）加强青年教师培养。每年均制定详细师培计划，对新入职

教师实行"青年教师导师制",帮助青年教师尽快适应大学教学模式,掌握基本规律。

(4)大力推进"金课"和课程思政建设。在公共事业管理(医保方向)专业全课程体系开展"金课"建设,制定课程思政实施方案,从课程目标、教学大纲、教学设计等方面将课程思政融入各门课程。

(5)以赛促教提升质量。教学比赛常态化,以赛促教,取长补短,推陈出新,主动学习新的教学理论和技术,积极改革教学方法,促进教学质量的提高。

2. 主要成效

2018~2020年教学零事故,教师在湖北省工会、中华医学会等单位组织的教学比赛中取得佳绩,"分级诊疗背景下医疗质量竞争与决策"获得虚拟仿真项目立项,医院管理学等课程获得课程思政教研项目立项,多门资源共享课程在超星等学习平台上线。

七、毕业生培养质量的跟踪调查结果和外部评价

公共事业管理专业创办近30年来,为国家培养了1000余名优秀毕业生,大多从事管理、保险等相关领域工作,已成为各行业的业务骨干。2022年的毕业生培养质量的跟踪调查结果显示:考研录取率达24%以上,初次就业率达72%。毕业生主要从事医院管理、企事业单位行政方面的工作。

学校连续9年委托第三方测评机构(麦可思数据公司)对毕业生培养质量进行综合评价,报告显示,本校2018~2021届毕业生对母校教学的满意度均在90%以上,包括公共事业管理专业毕业生对本校教学培养的评价整体较好,满意度在95%以上。

八、下一步推进专业建设和改革的主要思路及举措

1. 持续修订新文科型人才培养方案

按照新文科的学科融合理念,组织专业教师,前往已经获得国家级一流本科专业建设点的相关高校学习和调研,获得其人才培养方案

的制订经验。

2. 大力建设综合素质高的高质量教师队伍

严格把控教师引进标准，进行全方面考核。通过多种途径，提升在职教师的教学能力和科研水平。加强教师聘期考核，优化职称晋升体系，设置教学职称和科研职称，定期进行教师职称晋级考核。在此基础上，筹建省级优秀教学团队和省级优秀基层教学组织。

3. 精心构筑政产学研深度参与的立体化人才培养体系

认真贯彻落实国家和教育部有关人才培养要求，将先进育人理念贯穿于人才培养全过程。积极邀请用人单位参与人才培养工作，采取多种措施，开展丰富多样的创新竞赛和创业活动。为本科生配备导师，引导本科生参加导师的科研项目，努力构筑政产学研深度参与的立体化人才培养体系。

4. 稳步推进课程思政建设和一流课程建设

以教育部和学校有关"课程思政"文件为指引，将"立德树人"的思想贯穿于专业课的全过程教育当中。逐步将2～3门核心专业方向课、1～2门核心专业基础课建设成为国家级和省级一流课程。

5. 始终不渝扎根和服务于医改事业

本专业创建近30年来，为我国培养了大批医疗保险、卫生行政管理、医院管理和卫生法学方面的人才。本专业将持续扎根于我国医改事业，充分利用我校拥有的5所三级甲等医院的天然优势和资源，积极与办学30年来积淀的毕业生联系，借助其强大力量，在师资队伍建设、人才培养、课程建设、学生就业等方面持续发力，以期更好地服务于医改事业，助推健康中国建设。落实立德树人根本任务，以新医科建设为抓手，优化专业结构，体现"大健康"理念和新科技革命内涵，强力推进本专业和医学以及其他学科的深度交叉融合。

撰稿人：

邓平基　湖北医药学院公共卫生与健康学院院长

韩　慧　湖北医药学院公共卫生与健康学院教师

第十二节　湖北中医药大学医疗保险人才培养案例

一、培养目标、专业定位、历史沿革和特色优势

1. 专业名称

保险学。

2. 培养目标

本专业培养具有扎实的经济学、金融学、医药学基础知识，掌握系统的保险学知识，具备健康保险实务专业技能，具有较强的社会适应能力，能够在医药卫生领域、政府相关部门、商业保险公司、银行等机构胜任核保、理赔、精算，以及保险管理、咨询、教育、研究等工作的高素质保险专门人才。

3. 专业定位

本专业定位于培养通保险懂医药的"保医结合"创新应用型人才，以"厚经济基础、重医药特色、强实践能力"为核心，注重学生实际应用能力和创新精神的引导。课程设置加强医药专业知识，培养兼具经济学知识和医药学知识，具有深厚理论功底、精湛专业技能、良好综合素质、优秀人格品质的高素质保险人才。

4. 历史沿革

湖北中医药大学保险学专业的前身是公共事业管理（医疗保险方向）。2005～2015 年为公共事业管理（医疗保险方向）专业，授予管理学学士学位；2016 年至今为保险学专业，授予经济学学士学位。

5. 特色优势

本专业经过持续发展，构建了"3＋6"人才培养模式和实践教学模式。即"经管类专业教育＋医药知识教育＋校企联合培养实战训练"三结合的人才培养模式，以及"保险案例＋模拟实践＋见习实习＋管理科研＋专业大赛＋自主实践"六位一体的实践教学模式。

专业拥有湖北省高校优秀教学基层组织、湖北高校省级经济与管理类专业实习实训基地、湖北省名师工作室等。专业建设成果荣获第八届湖北省高等学校教学成果一等奖。

二、毕业生就业（升学）情况

本校培养了 12 届公共事业管理（医疗保险方向）本科人才。保险学首届 2016 级招生 62 人，至 2022 年已有三届毕业生。2020 ~ 2022 年保险学专业毕业生平均就业率为 94.2%，就业率在学校处于前列。根据对就业单位的调查，毕业生在工作单位表现出专业知识全面、实践操作能力强的特点，得到用人单位高度评价。

三、获省部级及以上奖励和支持情况

2021 年，获批湖北省教育科学规划重点课题：医药经济管理类一流本科专业建设研究与实践（课题编号：2021GA033）。

2019 年，获批"湖北省高校优秀教学基层组织""湖北省优秀教学团队"称号。

2018 年，荣获湖北省高等学校教学成果奖一等奖（医药院校"管医结合"创新应用型人才培养模式研究与实践）。

四、深化专业综合改革的主要措施和成效

1. 加强校外实践教学基地建设

学校积极推进与企事业单位共建教学资源的合作，拓展合作育人深度和广度。与民太安财产保险股份有限公司、中国人民财产保险股份有限公司、中国太平人寿保险公司、湖北省中医院等建立了长期的合作，聘请有实践经验的工作者走上讲台，使得学生能够获得更多书本外的知识。

2. 加强校企合作，创新校企深度融合

校企开展深度合作，探索了深度合作模式：一是与商业保险公司合作开展实践课程和实践基地；二是开展拔尖创新人才培养，与企业

合作共同制定培养方案，共设特色课程。实现学生、学校和用人单位的联动，为毕业生提供就业机会。

3. 积极推进教学研究和教学改革

在狠抓师资队伍、办学条件等学科建设基础上，拓展专业的教研实力。发表《中医药院校保险学专业创新实验项目设计研究》等10多篇教研文章，主编、参编《医疗保险学》《社会保障学》《卫生经济学》等规划教材10余部，立项国家社科基金教育学项目在内的多项教学项目。

4. 以学生为中心，改进教学方法

鼓励教师参加教学研讨会，学习先进教学理念；将"三明治"教学法、PBL教学法、BOPPS教学法等引入课堂；讲授方式与互联网结合，增加网络课堂讨论、微信群课后专题研讨等形式。实行本科生导师制，指导学生科研；指导学生参与国家级及省级专业比赛。

5. 鼓励支持学生参加创新创业比赛和课外学术交流

采取导师制培养，鼓励学生参与课题，支持学生申报创新项目和科技竞赛。2017~2021年，本专业获批国家级大学生创新创业训练计划项目2项、省级大学生创新创业训练计划4项、大学生创业获湖北省大学生创业资金扶持项目1项、入驻我校大学生创业园项目6项、院级创业项目5项。此外，学生连续两年获湖北省大学生科研成果三等奖。2018年，武汉市创业天使导师团授予学院"创业之家"称号，承担大学生创新创业教育。

五、加强师资队伍和基层教学组织建设的主要举措及成效

1. 加强师资队伍和基层教学组织建设的主要举措

保险学专业通过"引培联用"，培养能将医学知识和药学知识融于保险专业教育的具有国际视野的师资队伍。

（1）以保险学专业课程群中核心课程为纽带，通过教师集体备课和教学研讨制度的建立，提高教学团队整体教学水平；积极鼓励青年教师攻读博士学位，进行国内外访学或国内培训。

（2）提升教师实践能力，鼓励老师积极参与基层或企业挂职锻炼。

（3）引进实践人才，聘请卫生行政部门及企业管理者为本科生授课和指导论文。

（4）加强海外交流，选派 10 多位教师赴境外学习，引进 3 位境外教授为省级"楚天学者"和校级讲座教授，选聘 19 位卫生行政部门及企业组织管理者为院级实践兼职教师。

2. 成效

经过十余年的建设与发展，现已拥有一支结构合理、水平较高、具有国际视野、将医药知识融于卫生管理的专职师资队伍。具有外校学缘教师比例超过 90%。同时与澳大利亚拉筹伯大学、国家中医药管理局、湖北省卫健委、湖北省中医院等高校、政府、医院合作，聘有一批高水平海内外兼职教师。

近年来，获批国家自然科学基金项目 2 项、国家社会科学基金项目 1 项、国家中医药管理局项目 3 项、其他各类项目 60 余项，科研立项经费 200 余万元。发表学术论文 180 多篇，其中 SCI、CSSCI、EI、ISTP 等检索论文 17 篇，国内核心期刊论文 60 多篇；出版专著 7 部，主编副主编参编教材 30 余部。

六、加强专业教学质量保障体系建设的主要举措和成效

1. 加强专业教学质量保障体系建设的主要举措

（1）注重师德师风建设。通过"引培联用"，构建结构合理的教师队伍；注重新教师与青年教师的指导与培养；定期开展教学竞赛，提升教学能力。

（2）广泛调研，确定专业人才培养目标。四次修订保险学专业培养计划，完善复合创新应用型课程体系；以学生为中心，改进教学方法；加强科研项目合作，构建匹配教学目标的实践教学模式。

2. 成效

（1）构建了优秀的多学科教师人才队伍；

（2）确立了"经管医结合"创新应用型人才培养目标；

（3）构建了较完善的复合创新应用型课程体系；

（4）实现了"以学生为中心"的教学方法改革；

（5）构建了"企业案例＋模拟实践＋见习实习＋科学研究＋专业大赛＋自主实践"六位一体的实践教学模式。

七、毕业生培养质量的跟踪调查结果和外部评价

1. 毕业生社会认可度高

专业设置适应市场需求，培养投入少，学生产出高，毕业生供不应求，每年本专业毕业生的就业率高达93%以上，就业率在学校处于前列。就业单位反馈，学生在工作单位表现出专业知识全面、实践操作能力强的特点，在单位受到广泛好评。

2. 社会服务广泛

学院拥有1个校级重点学科、2个校级研究中心、3门校级精品课程，以及院级学术平台管理论坛。借助这些科研平台，本专业建立起了与毕业生及其就业企业的良好互动。并借助科研活动的机会，了解医疗保障主管部门、医疗机构、企业的需求，与国家医保局、湖北省卫健委、武汉市卫健委、湖北省中医院等合作开展调查和研究。

八、下一步推进专业建设和改革的主要思路及举措

1. 突出特色定位，优化人才培养方案

按照"夯基础、强能力、重运用、彰特色"的人才培养目标要求，聚焦经济学、管理学通识模块和保险学专业模块的纵横结合，进一步突出和优化"T"型人才培养模式的特色定位。拓展"互联网＋"医疗保险、大数据运用等前沿课程。

2. 强化协同培养，构筑系统化、网络化的"三全育人"体系

建立以院、系、科研团队、学工、医保管理机构、保险公司协同育人机制；建立课堂、实践、网络和国际化等多协同平台，引入"学业导师""创新导师""社会实践导师"等多方协同主体，打造全员、全程、全方位的保险专业"三全育人"体系。并继续完善与

各级医疗保障局、卫健委、中医药管理局以及医疗机构、保险公司的人才培养合作。依托我院的湖北省人文社科重点研究基地"中医药发展研究中心"，为人才培养提供平台，并制定具体可行的运行方案和管理办法。

3. 加强专业课程建设，探索有效的教学手段和方法

继续推进精品资源共享课及其他保险学专业课的课程建设，加强对微课教学、翻转课堂、案例教学等教学形式和方法的探索，丰富网络教学内容。

4. 坚持"引－聘－培"相结合，提高专业教师教书育人能力

加大高端专业师资的引进和培养力度，以留、进、聘等形式招纳人才，引进高学历（层次）人才 1～2 人；通过进修、访学等途径，全面提升教师胜任力，逐步打造一支具有国际视野、素质优秀的专业师资队伍，每年选派 1～2 名青年教师到政府机关或企事业单位进行实践学习；聘请政府机关和企事业单位的公共管理岗位的骨干和学术骨干为兼职教师。

撰稿人：

官翠玲　湖北中医药大学管理学院院长

陈曼莉　湖北中医药大学管理学院专业负责人

第十三节　华北理工大学医疗保险人才培养案例

一、培养目标、专业定位、历史沿革和特色优势

1. 专业名称

医疗保险。

2. 培养目标

本专业着眼于健康中国战略，立足于医疗保障和公共健康治理，

培养满足国家和地区医疗保障、健康管理需求，具备医学知识、经管知识、医疗保障专业知识、健康管理实践能力、统计分析能力和一定的国际化视野，具有中国医疗保障制度自信，能够在医疗保障及健康管理相关领域，从事基本医疗保险、健康保险、医疗救助、健康管理、健康评估、医养结合服务等工作的高素质医疗保障技术人才，并成为所从事工作的业务骨干。

3. 专业定位

以二十余年的医保教育为基础，以社会健康需求为导向，以京津冀为基地，以医保学科发展为抓手，突出健康治理特色，建立具有全国影响力的一流医保专业品牌；以学生为中心，以科研和实践培养学生专业素养，积极推进学科发展；以服务社会和民生为己任，培养有理想、有担当、有爱心、有能力的高素医疗保险专门人才，形成学科与专业发展阔步向前的局面。

4. 历史沿革

（1）华北煤炭医学院时期（2000～2010年）：

2000年，学校在卫生管理系创办医疗保险专业，同年招生；

2002年，招收"社会医学与卫生事业管理"研究生；

2003年，根据省教育厅要求，规范设置为劳动与医疗保障专业（医保方向）；

2010年，成功申报"公共管理"一级硕士点，含社会保障、卫生管理方向。

（2）河北联合大学时期（2010～2015年）：

2010年，华北煤炭医学院与华北理工大学合并，组建河北联合大学，医保教育划归新组建的管理学院，同时成立劳动与医疗保障系；

2015年，设置医疗保险与医疗保障两个教学方向。

（3）华北理工大学时期（2015年至今）：

2015年，河北联合大学更名为华北理工大学，医保专业延续在管理学院医疗保障系设置；

2019 年，获批公共管理专业硕士学位授权点（MPA）；

2020 年，获批医疗保险专业。

5. 特色优势

我校的医保教育主要特色是"医工融合下的健康治理"。医疗保险专业本身是一个多学科融合的专业，涉及医学、管理学、理学、法学、经济学等多个学科。多年来，在我校"医工融合"政策的支持下，坚持医学、理学、管理学的融合，充分发挥多学科融合的优势，把医疗保险专业建设成为具有健康治理特色的新文科专业。同时根据我校发展定位，结合我校医疗保险发展实际以及国内各高校医疗保险的发展状况，以健康融入所有政策为突破口，坚持以医保工作实际需求为方向，把"健康治理"的特色深度融合到教学和专业建设中。

二、毕业生就业（升学）情况

近年来我校医保毕业生主要集中在医保机构、医疗机构、保险机构、卫生管理部门及健康管理机构，部分同学考研深造。每年到校招聘学生数量与在校生数量之比达到 20∶1。毕业生主要集中在发达地区，就业城市以地级以上城市为主。毕业生跨专业就业极少，毕业后主要集中在医保及相关领域工作。2018～2020 年来毕业生初次就业率达 95%，考研主要集中在双一流院校。

三、获省部级及以上奖励和支持情况

2018～2020 年，本专业教师先后获得以下荣誉：河北省第二届教师教学创新大赛一等奖、河北省"挑战杯"优秀指导教师、"调研河北"优秀指导教师等。承担的京津冀医疗卫生协同发展项目获得国家卫健委及河北省卫健委的好评。主编《健康保险核保与理赔》（2016 科学出版社）一书。

四、深化专业综合改革的主要措施和成效

我校在专业改革中采取了"四结合"的方式。

1. 专业实践和辅助实践相结合

专业实践是培养学生工作能力和了解行业领域发展状况的重要安排，是对过去所学专业知识进行应用的系统设计，是教学计划中的关键环节。由于寒暑假能够分为多个阶段，相对于专业实习，同学们可以更加灵活地应用，并根据自己的需求到多个单位进行锻炼，从而全方位培养自己的医疗保障能力。假期实践作为对专业实习的补充，不仅可以使同学们了解专业所需能力，还可以培养同学们的自我展示能力、沟通能力和社会适应能力。

2. 课堂实践和课外实践相结合

课堂实践主要培养学生一些必须具备的通用技能，课外实践则主要培养学生的个性化需求能力。关于课堂实践，增设了专门的课程，比如医疗保险稽核、统计软件应用、医保信息系统等课程，使学生能够在课堂上就及时掌握相关的医疗保障工作能力。关于课外实践，主要是针对各学期的在校教学期间（非寒暑假）一些需要个性化发展的能力，根据自身发展规划的需求，有选择性地到医保局、医保经办机构、医院等地方进行蹲点观察。

3. 科研训练和专业实践相结合

科研活动，在培养学生对专业知识深层次理解的同时，也能够培养学生的团队意识、组织能力、系统性思维、严谨的逻辑推理能力、文字表达能力、概括归纳能力、统计分析能力等。学生参与科研工作，有利于理论和实践相结合，更好地掌握医疗保障社会运行状况。

4. 学校实践点和自找实践点相结合

针对专业实习，采取了学校实践点和自找实践点相结合的方式。学校的实践点具有机构层级高、管理规范、实践系统的特点，学生自己联系的实践点需要达到学校规定的基本条件，具有就业概率高的优势。

五、加强师资队伍和基层教学组织建设的主要举措及成效

医疗保险专业师资来自多个学科与领域，包括医学、理学、管理

学、经济学、法学等，目前共有师资 16 人，其中博士 7 名、硕士 9 名，硕士以上学历占 100%；在职称结构上，教授 7 人，副教授 4 人，讲师 5 人。近年来专业教师多次应邀参加国际学术交流，先后参与了医疗保障国际研讨会、亚太地区 NHA 研讨会、Equitap 研讨会、第六届全球卫生费用核算论坛、第八届欧洲卫生经济大会、卫生政策与医药卫生体制改革国际研讨会、世界控烟与健康大会等。

教学团队主要划分为医疗保障、社会问题与健康治理、健康管理与评估、卫生经济与医保基金。

先后有 2 名教师获"中国医疗保险教育论坛"教学竞赛一等奖，1 名教师获得河北省第二届教师教学创新大赛一等奖。

六、加强专业教学质量保障体系建设的主要举措和成效

建有健全的教育质量保障体系，该体系以人才培养目标为核心，以质量系统为导向，教学运行执行系统、教师教学质量保障系统、教学评价及反馈系统齐备。教师教学质量保障系统主要从加强师资队伍和学科建设、加强教学督导等方面开展工作。教学评价及反馈系统主要实施的是"四项检查、三项督导、两项评价、一项评估"的策略。四项检查包括：日常抽查、学期初检查、期中检查、期末检查；三项督导包括：专家、同行和学生评教构成的督教，教师评学、学生自评、社会评学等构成的督学，基于数据挖掘的智能化的督教和督学；两项评价包括：专业建设和课程建设专项评价；一项评估是学院对专业教学与管理工作的全面质量评估。

七、毕业生培养质量的跟踪调查结果和外部评价

2018～2020 年本专业本科生初次就业率达 95%，就业方向主要医疗保险部门、医院医保部门、健康管理机构从事与专业相符合的工作，与该专业的培养目标基本一致。

根据学校近年毕业生就业质量报告，我校劳动与医疗保障（医保方向）毕业生用人单位对本专业毕业生较为满意，特别是对我校

学生的专业技能、知识结构和敬业精神给予了较高评价。

目前，本专业毕业生毕业三年后多数都成为单位的骨干力量，毕业生遍布全国各地，成为国家医保事业的参与者和建设者。

八、下一步推进专业建设和改革的主要思路及举措

作为国家新医科与新文科融汇的新专业，以健康治理为特色，"十四五"期间，形成年医保专业60人招生规模，发展势头强劲，学科日趋完善，在国内具有一定影响力，学科与专业排名阔步向前的局面。

1. 抓牢专业建设三支柱

理念引领：以担当精神与大爱之心，开启医保学科与专业建设，培养学生的自信心、自豪感、责任感。

队伍保障：加强医保学院的师资队伍建设，以进取精神激励现有师资攻读医保领域的博士学位，以担当精神投入医保事业，以蜡炬精神融入医保教育，以大爱之心进入健康领域，推动医保教育迈上新台阶。

实践锤炼：医疗保险是涉及每一个人的民生大事，医疗保险专业人才必须既有政治高度，懂理论与政策，又有实际工作能力，能够解决老百姓的看病就医医保经办问题，需要始终紧抓实践教育，从课堂实践、假期实践、临床见习、专业实习，从入学到毕业，始终坚持用实践来磨炼同学们的能力。

2. 加强专业内涵建设

（1）加强专业自信建设。医保专业是新兴交叉专业，缺乏老专业的知名度和品牌度，未来积极与国家医疗保险制度建设相结合，增强学生对国家医疗保险制度的自信，从而同步增强对医疗保险专业的自信。

（2）加强与地方发展相融合。发挥我校医疗保险专业教育的特长，与京津冀、特别是河北省及各地市医疗保障部门加强协作，为各级医疗保障部门决策及经办提供智力支持。深化学校与行业组织和产业领军企业的战略合作，发挥医保产学研整合优势，融合各方资源，共建服务健康产业的医疗保障研究机构，与行业企业共同开展应用课题研究，共享研究成果，促进科技成果转化和产业化，提升学校服务地方经济社会发展的能力。

撰稿人：

陶四海　华北理工大学管理学院专业负责人

第十四节　江苏大学医疗保险人才培养案例

一、培养目标、专业定位、历史沿革和特色优势

1. 专业名称

公共事业管理（医疗保险）。

2. 培养目标

本专业旨在培养适应社会发展需要，具备现代管理理论、技术与方法等方面的基本知识及实际应用能力，具有较强的实践能力、创新意识、国际视野和良好的沟通能力，具有较好的人文社会科学素养、较强的社会责任感和良好的职业道德，能在社会医疗保险、医疗卫生等公共事业单位以及健康保险机构从事医疗保险管理、卫生经济管理、健康管理、健康保险核保与理赔等方面工作的高级复合型人才。

3. 专业定位

本专业发展立足长三角、辐射全国、面向世界，强化立德树人教育本质，紧跟我国公共事业发展和医疗保障改革趋势，旨在培养具备现代管理理论、技术和方法等方面的知识及实际应用能力，能在社会医疗保险、医疗卫生等公共事业单位从事医疗保险管理、卫生体制改革等工作的高级复合型人才，力争成为公共管理领域国内领先、特色鲜明的一流专业。

4．历史沿革

1995 年江苏大学以国务院"两江医改"试点为契机，率先在全国举办公共事业管理（医疗保险）专业，2006 年获批江苏省特色专业，2019 年获批国家级一流本科专业建设点，2020 年获批江苏省品牌专业。

2005 年获批社会医学与卫生事业管理二级学科硕士点，2010 年获批公共管理一级学科硕士点，2014 年获批公共管理硕士（MPA）。

5．特色优势

专业以培养医疗保险专门人才为特色，构建了"T 型"人才培养模式（"—"指应具备公共管理知识和素养，"｜"指应掌握医保管理专门技能）。

我校是"全国医疗保险教育论坛"理事长单位，迄今在全国范围内牵头召开学术会议 6 届。此外，由我校搭建的"三江医改国际论坛""中国－韩国行政管理国际学术论坛"每年召开学术会议，为专业教师队伍建设、人才培养等提供了学习交流机会，同时提升了本专业在业内的影响力。

二、毕业生就业（升学）情况

2018～2020 年，专业毕业生就业率 100%，就业去向包括政府部门、事业单位、医疗机构、保险公司等，就业地点多集中于东部沿海地区。升学方面，每年均有 1～2 名本科生保研至复旦大学、中国人民大学、南京大学等双一流高校。本科生考研录取率为近 50%，并且每年均有数名学生考取杜克大学（美国）、中国人民大学、北京大学、清华大学、复旦大学等国内外名校研究生。

三、获省部级及以上奖励和支持情况

近年来将课程体系、教学大纲、学生成长进行深度耦合，取得多项教学和教研成果，主持的两项教改项目于 2007 年和 2017 年均荣获得江苏省优秀教学成果二等奖；实验课程项目获首批江苏省虚拟仿真实验教学一流课程。

由专业负责人周绿林教授策划并担任总主编，编写了我国高校第一轮医疗保险专业规划教材（12本）。其中，我校教授担任4本教材主编。

1名教师参加第三届江苏省本科高校青年教师教学竞赛，荣获二等奖。1名教师参加江苏高校百校万名团干部思政技能大比武，荣获二等奖。

四、深化专业综合改革的主要措施和成效

1. 科研反哺教学，不断完善人才培养方案

聚焦"新医改"和"医疗保险管理"等理论前沿与现实热点，积极开展科研工作，并将科研成果运用到专业人才培养中。2018～2020年科研和教学成果取得新的突破，获批国家级科研项目6项、省部级科研项目10项，发表高水平论文50余篇、教改论文6篇，出版专著5部，获省部级科研和教学成果二等奖各1项。

2. 创新人才培养模式，积极拓展人才培养渠道

按照能力培养的核心要求，探索构建"T型"医疗保险专业人才培养模式，相关改革创新成果，于2007年、2017年先后两次获得江苏省教学成果二等奖。

3. 以学生需求为导向，强化课程资源建设

以课程建设为抓手不断完善课程体系，已形成了"3+1"课程群，"3"包括人文社会科学、医学及经济管理课程群，"1"指科学应用研究方法课程群。

4. 紧扣新一代教学主体特点，深化教学方式方法改革

紧扣教学主体特点，更新教学理念。在培养方向上，实现"学科本位"到"能力本位"的转变；在培养方式上，实现"以教为中心"向"以学为中心"的转变；在培养手段上，充分运用网络教学、数字化教学等手段，在校内建立医保业务仿真实验平台，在校外建立

20多个长期稳定的实习基地。两个实践平台相互补充，满足学生创新实践能力的培养需求。

5. 搭建海内外学术交流平台，提升专业影响力

由我校搭建的"全国医疗保险教育论坛""三江医改国际论坛""中国－韩国行政管理国际学术论坛"等平台每年召开学术会议，为专业人才培养提供交流机会，提升本专业在业内的影响力。

6. 立足学科专业优势，打造实践教育"第二课堂"

3年来，4支队伍获团中央资助开展社会实践活动，20余名同学参加"创青春"全国大学生创业大赛等活动并取得佳绩，10名同学获江苏省大学生创新创业训练项目，6篇毕业论文在中国医药卫生管理大学联盟理事会举办的"人卫杯"全国医药卫生管理专业本科生毕业论文竞赛中荣获一、二、三等奖。

五、加强师资队伍和基层教学组织建设的主要举措及成效

1. "招贤"与"育才"相结合，优化师资队伍结构

通过多种渠道加强海内外高端人才的引进，近年来吸纳了包括韩国仁荷大学、复旦大学、南京大学等知名高校杰出青年学者加盟。同时，注重青年教师培养，定期开展教学和科研研讨，实现"以研促教、教研相长"。目前本专业专任教师22人，其中，高级职称占比77.3%、博士学位占比72.7%、海外经历占比54.5%。

2. 立足"教－科－服"中心任务，坚守立德树人根本使命

根据专业发展需要统筹规划每位教师的研究方向和教学课程，积极发挥老教师的传、帮、带作用，要求所有年轻教师"过三关"：教学关、科研关、实践关。积极服务于我国医改事业，为国家和地方医改发展建言献策，为此，国家卫健委体改司专程发函表示感谢。

3. 组建优秀教学科研团队，形成学习型和耦合化的系部组织

公共事业管理系作为本专业的基层教学组织，坚持"一个中心（育人），两个基本点（科研和教学）"的原则，组建优秀教学科研团队，将课程体系、教学大纲、学生成长进行深度耦合，取得多项教学

和教研成果。

六、加强专业教学质量保障体系建设的主要举措和成效

1. 坚持以国家、社会和学生需求为目标设定质量标准

教学质量保障体系建设始终围绕专业培养目标，积极满足国家、社会、学生等各方需求。以学生能力培养和学习成果为导向，培养学生创新性思维。3 年来，学生参加各类竞赛受奖面达 53%，申请获批校级以上大学生创新创业项目和科研立项 35 项，发表学术论文 19 篇，考研录取率为 37.8%，并且每年均有数名学生考取杜克大学（美国）、中国人民大学、北京大学、清华大学、复旦大学等国内外名校研究生。

2. 围绕培养目标形成教学质量监督与管理的长效机制

围绕培养目标确定育人方案，优化课程设置、构建教学框架和创新优化教学过程。一方面，在教育全球化背景下，创新教育技术手段，实现传统课堂教学与学习模式的变革。如结合使用云班课、PBL等教学手段，实现教学模式的转变和育人质量的提升；另一方面，建立包含系主任和同行听课制度、定期研讨制度等，强调教学过程的监督与保障。2018 年来，学生评教优秀率稳定在 98% 以上。

七、毕业生培养质量的跟踪调查结果和外部评价

截至 2022 年，已向社会输送了 1000 余名医疗保险专业人才。对历届毕业生培养质量跟踪调查显示，毕业生就业主要集中在医疗保险部门、医院医保管理部门以及健康管理机构从事医疗保险管理工作，就业吻合度高。

根据对全国各地医保局、医院、健康保险公司等 50 多家用人单位的走访反馈，本专业毕业生普遍具有高度的责任感和强烈的事业心，专业基础扎实、综合能力强，总体素质高，受到用人单位的好评。如 1995 级魏荣荣、1996 级张洪成 2 名校友于 2019 年被评为江苏

首届"最美医院医保人"（共评 10 人）。

2020 年 11 月，江苏大学 31 个文管类专业毕业生满意度调查显示，公共事业管理（医疗保险）专业毕业生满意度最高，为 95.64 分，排名学校第一。

八、下一步推进专业建设和改革的主要思路及举措

1. 深化专业特色，突出人才定位

按照"夯基础、强能力、重运用、彰特色"的人才培养目标要求，聚焦公共事业管理通识模块和医疗保险专业模块的纵横结合，进一步突出和优化"T"型人才培养模式的特色定位。拓展公共健康治理、"互联网＋"医疗保险、大数据运用等前沿课程。

2. 强化协同培养，助推"三全育人"

建立以院、系、科研团队、学工、校外医保机构协同育人机制；建立课堂、实践、网络和国际化等多协同平台；引入"学业导师""创新导师"和"社会实践导师"等多方协同主体，打造全员、全程、全方位的医保专业"三全育人"体系。

3. 优化教学资源，提升教学质量

推进公共管理学、医疗保险学等专业核心课程的金课建设，强化实践教学和实验教学。积极打造慕课课程及"互联网＋教学"示范课堂。加强特色教材建设，加快出版启用全国高校医疗保险专业第二轮规划教材。

4. 组建教育联盟，推进专业交流

在全国医疗保险教育论坛基础上，牵头建立中国医疗保险教育大学联盟。依托江苏－英国高水平大学联盟等平台，搭建公共管理专业国际化人才培养、中外学术论坛和校际师生交流访学平台。

5. 拓展培养渠道，优化师资队伍

依托江苏大学"金山英才计划""海外高层次人才论坛"等渠道，加大高端专业师资的引进和培养力度；通过进修、访学等途径，

全面提升教师胜任力，逐步打造一支具有国际视野、素质优秀的专业师资队伍。

撰稿人：

詹长春　江苏大学管理学院专业负责人
许兴龙　江苏大学管理学院教师
张心洁　江苏大学管理学院教师

第十五节　江西中医药大学保险学人才培养案例

一、培养目标、专业定位、历史沿革和特色优势

1. 专业名称

保险学。

2. 培养目标

本专业培养德、智、体、美、劳全面发展，适应社会进步和中国健康保险事业发展需要，为地方经济发展和社会全面进步服务，具有良好的人文、科学和职业素养，具有较强的传承能力和创新精神，系统掌握健康保险基本理论、基本知识和基本技能，能够在商业保险机构、社会医疗保险部门、医院（医疗保险办公室）、大型企事业单位以及高等院校等从事健康保险实务操作、业务管理以及科学研究的健康保险人才。

3. 专业定位

适应"健康中国"战略和绿色经济发展的需要，立足江西，面向全国，追求健康，依托医学院校的优势资源，培养懂医学、会保险、能管理的复合型健康保险人才。

4. 历史沿革

2002 年，我校在公共事业管理专业下开办医疗保险方向，授予

管理学学士学位。2003 年 2 月，经教育部批准独立设立为保险学专业，授予经济学学士学位。同年 9 月招收第一届学生，成为全国首批培养健康保险专业人才的高校之一。2008 年被评为江西省首批特色专业，2019 年被评为江西省一流专业建设点。

5. 特色优势

经过 20 年的建设，我校保险学专业形成了比较鲜明的特色和优势，表现在：

（1）保险 + 医学交叉融合的新文科专业。构建由 10 门健康保险专业课程模块、11 门医学类课程模块和 10 门经济管理课程模块构成的课程体系。

（2）服务健康、懂医会保的应用型专业。与财经类保险学专业相比，本专业更专注实践能力培养，依托医学院校的医药教学资源，采用"3 + 1"教学模式——3 年在校理论课程学习，加上 1 年的医院实习和保险公司实习。

二、毕业生就业（升学）情况

2016 ~ 2020 年，保险学专业毕业生就业（升学）整体表现良好。就业单位以保险公司为主，专业对口率高。升学学校包括厦门大学、中南财经政法大学、西南财经大学、对外经济贸易大学、深圳大学等。

三、获省部级及以上奖励和支持情况

1. 教学与科研成果奖

"十二五"以来，本专业教师荣获江西省教学成果奖 2 项，荣获江西省社会科学研究成果奖 2 项。

2. 教学名师与教学团队

本专业十分重视师资队伍建设，拥有省级优秀教学团队 1 个、江西省高等学校中青年骨干教师 1 人。

3. 课程与教材

本专业一直重视课程与教材建设，医疗保险学课程获批江西省精品课程。2016 年来，本专业教师主编《健康保险核保与理赔》《健康保险营销学》等教材。

四、深化专业综合改革的主要措施和成效

1. 适应人才需求，优化培养方案

随着健康保险业的发展，根据用人单位反馈意见及毕业生质量追踪调查，本专业于 2015 年和 2018 年两次修订培养方案。新方案既突出了专业特色，又注重保险与医学的交叉融合。

2. 推行课程思政改革，落实立德树人任务

一方面选用或编写符合思政教育的教材；另一方面积极推动课堂教学思政改革，做到课程思政与专业思政相结合。形成每个教师能讲思政，每门课程都有思政，每个时段学生能学思政的思政育人氛围。

3. 坚持教材教法改革，提高课堂质量

一是成立核心课程小组，执行集体备课；二是筹建教学方法改革研究团队；三是编制专业教材。已有西方经济学、保险精算、财产保险、商业健康保险等 5 门课程成立课程小组。保险精算课程引入翻转课堂和实验案例教学方法改革，效果较好，已在全国性会议和比赛交流并获奖。参与全国高等学校医疗保险专业第一轮规划教材编写，其中主编 2 本，副主编 3 本。

4. 加强科研实训，促进学生创新创业

学院设立本科生科研训练计划（SRTP），以指导老师为纽带，把学生融入到科研实践之中。通过科研实训，学生科学素养和兴趣得到显著提高，参与创新创业获得积极性明显提高。

五、加强师资队伍和基层教学组织建设的主要举措及成效

1. 引育结合，优化师资结构

引进关键人才，弥补师资队伍短板。培养特色人才，打造师资队

伍亮点。2018～2020年，培养博士2名，博士后1名，博士学位教师比例超过50%，师资学历结构、学缘结构进一步得到优化。

2. 以研促教，提高教学水平

依托公共管理一级硕士点下的医疗保障方向，围绕社会医疗保险、商业健康保险与保险经济三个方向展开学术研究。鼓励专业老师把科研成果转化为教学内容，2018年来，保险学、商业健康保险、统计学等课程先后尝试以研促教，受到师生好评。

3. 校企合作，打造双师团队

一是与企业合作协同育人模式创新，提高教学能力；二是派送老师到卫健委等相关主管部门和保险公司锻炼；三是聘请行业精英兼职担任教学任务。本专业现有双师型教师5人，占教师总数的比重为50%。

六、加强专业教学质量保障体系建设的主要举措和成效

1. 推行"三维"管理，加强教学质量监控

建立教学管理、教学监督以及教学咨询和评估三大子系统，对教育教学质量进行全员、全程、全面的监控。本专业学科组（教研室）构建了质量问题预警机制，确保教学质量稳步提升。

2. 坚持以本为本，教授全员上课

响应教育部提出的"以本为本"的精神，严格执行教授给本专业学生授课制度。目前本专业的所有教授都承担相应的教学任务，并做到"欢迎上讲台，满意下讲台"。坚持多维标准，注重过程评价。所有课程按照形成性评价要求，采用"3＋2"标准模式，即考勤、学生互评和自评3个指定标准，2个自选标准（从分组讨论、课后作业、课程测验、论文报告、实验实践和其他中任选2个）。多维度评价不仅受到师生的好评，而且促进学生自主学习积极性。

3. 遵循同频共振，提升实习与论文质量

坚持专业教师与辅导员同频共振，共同走访实习基地，从注重安全、考勤、专业实践能力培养方面共同指导监督。坚持实习与毕业论

文同频共振，要求论文选题源于实习。保险公司、医院等实习单位对此举措表示赞同并给予好评。

七、毕业生培养质量的跟踪调查结果和外部评价

根据江西省教育厅毕业生就业工作办公室指定的第三方调研平台（"江西微就业"）跟踪调查结果数据，本专业用人单位满意度高。

关于外部评价。在艾瑞深中国校友会网《2016 中国大学评价研究报告》，本专业在全国同类专业排名并列第八，属于中国区域一流专业，是唯一一个入围前十的医学院校。

毕业生就业报告反馈，本专业毕业生"基础宽厚、工作勤奋、动手能力强、综合素质高"。

政府主管部门反映本专业毕业生已成为江西保险行业的主体力量，许多毕业生已成为工作单位的业务骨干。部分校友因业绩突出受到嘉奖，被中华人民共和国人力资源和社会保障部及中国保险监督管理委员会评为全国保险系统劳动模范。

八、下一步推进专业建设和改革的主要思路及举措

1. 主要思路

坚持以本为本、四个回归的教育理念，适应保险大国到保险强国转型的新要求，力争在 5 年内，将本专业打造成为特色鲜明和社会声誉较高的一流专业，主要思路与举措如下。

（1）突出特色，全方面适应行业人才需求。以互联网、大数据、云计算和 VR 等信息技术为支撑，将本专业建设成为"互联网＋保险＋医学"交叉融合的特色专业。

（2）强化实践教学，多渠道提升学生从业技能。通过实验实训模拟技术、顶岗实习和国际教学资源，熟练理解掌握各项职业技能。

（3）狠抓教学质量，多环节监控学生学习效果。加强课程思政

改革，打造"金课"，淘汰"水课"，完善形成性评价，培养又红又专的人才。

2. 主要举措

（1）加强课程思政改革。以修订教案为切入口，落实思政元素全面进入每一门课程，把其中教案优秀和课堂效果良好的课程列为示范课。打造"金课"，淘汰"水课"。

（2）利用国际教学资源，探索国际化合作办学。一是积极拓展与国际知名院校合作办学的方式和途径，鼓励支持本专业学生参加国际交流和专业学习；二是积极引进国际优质教学资源，在专业核心的教学内容、教学方法、教学理念方面达到国际前沿水平。

（3）推进双师结构专业教学团队建设。一方面对专任教师个人发展规划做到一人一案，结合其自身特长，定期派遣到企业培训、学习、挂职锻炼或者报考职业资格证书；另一方面引进企业精英或医生做兼职教师，通过专业综合实验实训、学科综合实训、模拟公司实战、实习单位的实习等分阶段、多层次、多模块实践教学体系，构建校企合作师资培养长效机制。

（4）加强教育教学改革。第一，规范课程管理，加强教材建设。有计划、有组织地编写教材，包括多媒体教材，尤其保险医学类教材；第二，积极引入翻转课堂、实验案例法等先进的教学方法，大胆推行课堂教学改革；第三，积极引入科研成果进课堂，弥补现有课程的不足；第四，增设新兴前沿课程，拓宽教学的边界。利用人工智能、大数据等前沿技术，打造线上、线下、混合教学模式课程，推进虚拟仿真实验室等建设。

撰稿人：

姚东明　江西中医药大学经济与管理学院院长

陈永成　江西中医药大学经济与管理学院专业负责人

第十六节 锦州医科大学医疗保险人才培养案例

一、培养目标、专业定位、历史沿革和特色优势

1. 专业名称

医疗保险。

2. 培养目标

本专业培养具备比较扎实的管理学、保险学及相关医学方面的基础知识、基本理论、基本技能，掌握现代管理技术和方法，具有创新意识和实践能力，在商业保险机构从事医疗查勘、医疗审核以及核保、理赔等保险业务的管理工作，在社会医疗保险机构、医疗卫生机构从事保险基金运作与管理、保险监管等实际工作以及科学研究工作的"懂医学、精保险、善管理"的复合型应用人才。

3. 专业定位

建设教学理念先进、改革举措创新、专业办学水平和人才培养质量省内一流、特色鲜明的医疗保险专业，培养"懂医学、精保险、善管理"高素质复合型医疗保险应用人才，为地方经济社会发展提供智力支撑。

4. 历史沿革

我校公共事业管理（医疗保险方向）专业最早于 2001 年开始招生，是省内最早从事卫生管理专业教育的高校，最初与北京大学和中央财经大学合作采用"3 + 1"的联合培养模式。

2015 年我校申报保险学本科专业，2016 年获批并开始招生。

2019 年我校申报医疗保险本科专业，2020 年成为全国首家获批医疗保险特色专业并开始招生。

5. 特色优势

（1）历史积淀深厚，医疗保险人才培养特色明显。我校医管融

合发展已 21 年，依托公共管理、医学和经济学等学科，强化学生知识体系的宽专结合，已形成从本科到硕士的人才培养体系，为卫生健康事业输送大量医疗保险专门人才。

（2）支撑学科强，教学优势突出。依托公共卫生与预防医学学科、基础医学学科（省一流学科）和临床医学学科（ESI 全球前 1‰），传承医文融合历史，实现学科交叉创新。公共管理学科排在省内医药类院校前列。

（3）突出实践能力的培养。本专业注重实践教学条件建设和学生实践动手能力、综合素质的培养。学院实践教学中心被辽宁省评为省级虚拟仿真中心。同时，与多家大中型企业建立了稳固的产学研实习基地，为专业建设和人才培养创造了良好的办学条件。

（4）强化创新创业能力的培养。注重学生创新精神和创业能力的培养，科学构建创新创业课程体系。将创新精神、创业意识和创新创业能力的教育思想融入专业人才培养的全过程。积极引导学生申报各级各类双创项目和参与老师的科研课题研究。

二、毕业生就业（升学）情况

根据我校 2019～2021 年公共事业管理（医疗保险方向）、保险学专业毕业生就业情况跟踪发现，学生毕业后就业方向主要为全国各地保险公司核勘理赔岗位、医院医保科等管理岗位、升学、基层服务项目及应征入伍，就业率与就业质量较高，就业岗位稳定，2019～2021 年就业率逐年提高，2021 届毕业生就业率达到 96.67%。

三、获省部级及以上奖励和支持情况

2021 年，保险法概论获批省线下一流本科课程。2020 年获教育部批准，成为全国首家医疗保险特色专业培养单位。2020 年 1 人获省高等学校本科大学生市场调查与分析大赛优秀指导教师。2019 年 1 人入选省第十三批"百千万人才工程"万人层次人选。2019 年 1 人获辽宁教育信息化大赛微课三等奖。2018 年实践教学中心获批辽宁省虚拟仿真实验教学中心。2018 年团队获省教育信息化大赛课件三等奖。2017 年团队获全国教育教学信息化大奖赛课件比赛国家二等奖。全国高校医疗保险专业青年教师教学比赛中，3 人获一等奖，2 人获二等奖。

2020 年获批国家级大创项目 3 项，省级大创项目 1 项；2019 年获省级大创新创项目 1 项；2018 年获省级大创项目 2 项；2017 年获省级大创项目 4 项。

2021 年指导学生参加省大学生市场调查与分析大赛，2 人获三等奖，2020 年 1 人获二等奖，2 人获三等奖；2020 年指导学生参加省大学生创业计划竞赛，获铜奖；2019 年指导学生参加省大学生课外学术科技作品竞赛，2 人获三等奖；2018 年指导学生参加全国大学生电子商务"创新、创意及创业"挑战赛获，辽宁赛区三等奖；2018 年指导学生参加省大学生创业大赛，获铜奖。

四、深化专业综合改革的主要措施和成效

1. 以研究促进教学，构建人才培养 ASPIRE 新模式

基于 OBE 理念创新人才培养模式，探索构建医疗保险专业全方位多元化的 ASPIRE 新模式。

2. 紧扣教学主体特点，打造以学生为中心的混合式教学

立足学生，打造"金课"，构建结果引导、兴趣激发、自主学习、师生互动的线上线下教学模式。

3. 强化实践教学，构建起多维实践教学体系

增加实践课时，加强实验室利用，创建实践实训基地，推动现场教学，建立满足需要的基地 10 家。每年举办实践教学大赛，学生100% 参与社会实践。

4. 重视创新创业教育，形成产学研用一体化

建立专业培养与创新教育、知识传授与能力培养相融合的培养体系，形成问题导向、全程导师、项目孵化、成果产出相统一的产学研用创新教育。

5. 积极参与省内外学术交流，提升专业影响力

经过 21 年的发展，我院医疗保险专业已经得到了同行和社会的广泛认可，专业录取分数逐年提高。

五、加强师资队伍和基层教学组织建设的主要举措及成效

1. 坚持引进与培养、专任与兼职相结合，优化师资队伍结构

通过多种途径加强国内外高层次人才引进，同时实行青年教师导师制等举措，定期研讨，实现以研促教、教研相长。

2. 坚守"教学 – 科研 – 服务 – 传承"职责，落实立德树人

根据专业需要和个人志向，统筹规划每位教师的研究方向和教学课程，帮助所有教师过好教学关、科研关、服务关。学院大力支持青年教师在职攻读博士学位，还通过外请专家来校和选派骨干教师到名校参加各类教学培训提高教师的教学能力。

3. 建立优秀教学科研团队，形成耦合化的学习型院部组织

组建优秀教学科研团队，以科研促教学，实行团队考核，大幅度提升教学业绩考核比重和奖励，将课堂教学、课外实践、学生成长进行深度耦合，取得多项成果：多名教师在国家、省、市、学校青年教师教学竞赛中获奖。

六、加强专业教学质量保障体系建设的主要举措和成效

1. 建立人才培养质量与标准持续优化的外部循环机制

根据健康中国治理需求、用人单位调查、毕业生评价等途径，如 2019 年分析 23 家用人单位、87 名毕业生调查数据，围绕岗位胜任能力，不断完善培养方案，满足各方需求，提高人才契合度。

2. 建立保障和持续改进人才培养质量的内部长效机制

围绕人才培养目标，建立校院、课程组等多层的教学质量保障体系。注重过程和量化考核，制定教学大纲和考核大纲，实践教学质控办法，社会实践、创新训练、毕业实习、毕业论文等系列教学保障措施和质量标准，通过专家督导、学生评教等，不断完善培养模式，持

续改进培养质量。

七、毕业生培养质量的跟踪调查结果和外部评价

1. 毕业生质量反映教学综合改革成效明显

2020 年和 2015 年毕业生调查数据比较结果显示：就业单位层次不断提升，在市级及以上单位就业比例由 22.1% 增长到 37.3%；实践创新能力提升显著，2019 年毕业生的人际交往能力、沟通协调能力、综合分析能力、危机处理能力等较 2015 年显著提升。

2. 用人单位和第三方对毕业生评价较好

对全国各地卫生行政、医院等 23 家用人单位跟踪调查显示，对毕业生知识、能力和素质评价较好，总体满意度达 91%。第三方评价机构新锦成调查显示，2019 年用人单位对我校公共事业管理（医疗保险方向）专业毕业生工作满意度 90.8%，2019 届毕业生对教学满意度 93.9%。

八、下一步推进专业建设和改革的主要思路及举措

1. 主要思路

秉承本科教育"四个回归"人才培养理念，坚持立德树人根本任务，以新文科建设为指引，以建设"健康中国"、深化医改、完善疫情防控体制机制为契机，以健康中国治理体系和治理能力现代化对专业人才的需求为导向，与公共卫生、临床医学等专业深度融合，充分挖掘公共管理学科优势及卫生管理与医疗保险教育特色，创建一流医疗保险专业。

2. 主要举措

（1）强化立德树人根本任务。实施思政课程与课程思政、显性教育与隐性教育相融合的立德树人育人策略。建立院系、基地等协同育人机制，引入成长导师、学业导师、实习老师等多方协同主体，打造全员、全程、全方位的专业"三全育人"体系。

（2）持续优化专业培养方案。优化医学和管理课程体系，进一

步突出 ASPIRE 人才培养模式特色定位。拓展医疗改革、医疗保险大数据分析等前沿课程。

（3）培育一流教育教学团队。加强高层次优秀人才引进，逐步打造具有国际视野、素质优秀的专业师资队伍。坚守教书育人第一要务，有高质量教学成果，培育省部级以上教学名师和教学团队。

（4）建设一流教育教学资源。按照"一流课程"要求，推动建设专业核心课程。加强特色教材建设，积极参与编写全国医药院校医疗保险专业系列规划教材。"互联网＋教学"，建设视频课、文献库、案例库、作业库等线上资源。

（5）打造一流实践教学平台。优化多维实践教学体系，加强医疗保险教学科研实践基地建设，开展现场教学等实践活动，建设医疗保险虚拟仿真实验等平台。

（6）建立一流创新创业教育体系。以实现一流成果为牵引，完善问题导向、全程导师、项目孵化、成果产出相统一的产学研用创新教育。促进省内外学术交流，激励高产出。

撰稿人：

褚志亮　锦州医科大学人文与健康管理学院副院长、专业负责人

第十七节　南京医科大学康达学院
医疗保险人才培养案例

一、培养目标、专业定位、历史沿革和特色优势

1. 专业名称

医疗保险。

2. 培养目标

本专业培养具有扎实的管理学、经济学、保险学基础理论及相关

社会科学知识，具有较强的医疗保险专业技能和人际交流能力、良好的职业道德、人文素养和创新创业精神，能在各级各类社会保障部门、商业性保险机构、医疗卫生机构以及学校从事医疗保险相关工作的应用型专门人才。

3. 专业定位

本专业定位于医疗保险管理领域复合型、应用型人才的培养。即依托学院完善的医学类学科群，倡导德、智、体、美、劳全面发展，注重学生医学知识、管理知识与能力、医疗保险理论与方法等相关知识和应用技能以及创新精神、创新意识和能力的培养，打造本专业学生从事医疗保险、健康保险及相关管理工作的岗位胜任能力。

4. 历史沿革

作为公有民办二级学院，2000 年即招收公共事业管理（医疗保险）专业学生。2013 年，医疗保险专业随学院迁址连云港市继续办学。2017 年，公共事业管理专业（医疗保险方向）获批"学院品牌专业 B 类建设工程项目"。2018 年 6 月，通过江苏省独立学院综合评估并获评星级专业。2021 年，申报医疗保险本科专业并获批。

5. 特色优势

（1）全面的医学学科体系。我院作为医学类高等院校，拥有基础医学、临床医学、全科医学、预防医学、康复医学、护理学、医学检验、医学影像等门类齐全的医学学科群，为本专业学生掌握各类医学知识提供了充分的学科体系保证。

（2）特色鲜明的多元师资队伍。本专业形成了由学院自有师资，南医大校本部、医疗保险相关政府部门和企业、附属医院等方面共同组成的师资队伍，满足了专业理论教学和专业实践技能教学的需要。

（3）多渠道的教学实践基地。通过与附属医院开展临床医学课程驻点教学、院内基础医学实验室和生命科学馆的医学基础理论认知学习、学院和学部专业实验室的医保专业技能认知学习、与相关部门和企业的保险理论技能实际应用实习，构建起了较为完整的实践教学基地和教学体系。

二、毕业生就业（升学）情况

我院医疗保险专业开设于 2000 年，经历了 20 多年的专业建设和教育教学实践探索。自 2013 年迁址连云港办学以来，本专业共录取学生 305 名，已毕业 167 人。毕业生以医疗卫生机构、医疗保障部门和商业保险公司为主要就业方向，初次就业率 92% 以上，毕业校友的理论知识和运用能力得到用人单位充分肯定并成为行业骨干。每年硕士研究生升学率 3% 左右，录取院校有山东大学、东南大学、四川大学、华东师范大学等。

三、获省部级及以上奖励和支持情况

1. 专业建设方面

医疗保险专业从 2017 年起被学院确定为品牌专业建设项目，为专业建设提供了各方面保障。

2. 教学名师和教学团队建设方面

教师团队中的其他专业教师先后荣获江苏省"青蓝工程"培养对象、江苏省"六大人才高峰"高层次人才选拔培养资助对象、第二届中国医疗保险教育论坛荣获讲课比赛金奖、第四届中国医疗保险教育论坛二等奖、全国大学生计算机设计大赛（指导教师）二等奖、连云港市高等学校教学名师、连云港市教育系统"五一巾帼标兵"、南京医科大学扬子江奖教金等荣誉。本专业学生李莹莹、郭轩莹先后荣获第六届和第八届"人卫杯"全国医药卫生管理专业本科生毕业论文（设计）竞赛优秀论文三等奖。

3. 实验室与实践教学方面

除使用学院各类实验教学设施外，学部兴建了多功能综合实训室用于本专业的技能培训教学和线上教学，并在学习通、慕课、腾讯会议、腾讯 QQ 等构建起线上教学平台，与卫生健康、医疗保障等政府部门、各附属医院以及国内知名保险企业开展政产学研合作，积极构建各类实践教学基地。

四、深化专业综合改革的主要措施和成效

1. 强化医学知识教育，突出医学特色

掌握扎实的医学知识，是我院医保专业学生的特色优势，更是用人单位的迫切需要。为此，我们一方面扩大基础医学和临床医学模块课程的学时比重，医学类课程共计安排 535 学时；另一方面在大二第二学期安排学生赴学院附属医院开展为期 4 个月的临床驻点教学，由相关附属医院一线高级职称临床教师承担诊断、内外妇儿等医学类课程教学，并结合课程内容进行科室轮转，实现了理论教学与临床实践教学紧密结合。

2. 构建完善厚基础重应用的人才培养模式

（1）优化人才培养方案和专业课程体系。为缩短人才培养与行业需求的差距，提高学生综合应用能力，我们通过调查研究，优化人才培养方案，确定了本专业通识教育课程、医学课程、专业基础课程、专业核心课程、实践课程五大专业知识和能力培养课程模块，实现多学科交叉融合，并进一步细化分解成相应的能力要素，采用启发式、讨论式等教学方法，不断探索学生各方面能力要素的实现路径。

（2）推进专业实践教学基地建设，重视学生专业能力培养。我们以培养学生岗位胜任力能力为目标、满足岗位需求为基本原则、突出职业素养技能为基本要求，着力培养复合型应用型人才为理念，注重实践与技能教育，加强校府校企在课程教学、见习实习教学、创新创业教育和学生就业等方面开展密切合作。

五、加强师资队伍和基层教学组织建设的主要举措及成效

医疗保险专业教学团队以康达学院自身师资为基础，整合南京医科大学以及连云港市医疗保障局、卫健委、各附属医院医保经办部

门、保险企业资深专家共同组成多学科领域的教师团队，聘请国内医疗保险领域专家组成医疗保险专业建设指导专家组，构建起完善的教师队伍和基层教学组织构架。

六、加强专业教学质量保障体系建设的主要举措和成效

建立完善的教学评价机制，对教学过程的各个环节进行有效的质量控制，促进教学质量的提高。具体包括：（1）加强制度建设，认真执行学院制定的各项规章制度；（2）建立教师试讲、集体备课制度，落实教学督导专家、同行教师、管理干部听课制度、学生网上评教制度，严把课堂教学环节质量关；（3）从考核方式、命题、试卷印制、监考、考风考纪巡查、阅卷等环节严格规范管理，强化考核环节的质量监控；（4）通过对实验、见习、实习过程提出了明确要求和质量评价标准，走访见习实习单位、召开座谈会等多种方式，提高实践教学环节的教学质量。

七、毕业生培养质量的跟踪调查结果和外部评价

通过各类用人单位反馈的信息，我院医疗保险专业专业人才培养密切联系社会需求与本地经济社会发展，学生以基础扎实、知识面宽、职业技能强、具有创新意识等特点得到了用人单位的广泛好评。

吴振中校友：毕业以来先后获得中国寿险管理师、美国 LOMA 寿险管理师、太平洋寿险高级核保师等高级职称，现任中国太平洋人寿保险公司总部政保合作部高级经理。

陶小华校友：现任恒安标准人寿保险（外企）江苏分公司业务发展总监。

胡海明校友：现已担任中国人寿如东支公司副经理。陈文恬校友：现工作于江苏省卫健委。

薛晨校友：现任平安保险公司南京分公司医疗主管。

八、下一步推进专业建设和改革的主要思路及举措

1. 推进课程体系与教学方法创新建设

一是根据社会对本专业学生知识储备和实际能力的新要求，合理设置本专业各课程模块，不断完善课程体系；二是持续推进教学法的改革创新，充分运用网络技术，实现线上与线下、理论与实践相结合，合理加大过程化考核比重，努力建设省级一流课程和一流专业，实现专业建设的可持续发展。

2. 推进师资队伍建设

一是根据学院发展的总体规划和本专业建设的目标，加强院内师资队伍建设，形成以学科带头人为核心的教学与科研团队；二是继续整合南医大本部、学院附属医院、相关政府部门、企事业单位有扎实理论基础和丰富实践经验的业务骨干充实师资队伍；三是鼓励青年教师在职攻读博士学位，开展各类教师培训，实施教学科研能力提升计划，切实培养和提高青年教师的教学、科研水平；四是注重高层次人才的引进工作，进一步优化师资队伍梯队结构。

3. 推进教学资源建设

一是推进图书馆和网络资源建设，为本科教学和人才培养提供了强有力的文献保障；二是进一步扩大教学实践和创新基地建设，为本专业理论和实践教学方面提供师资和教学实践场所的支持；三是不断推进专业实训室建设，进一步改善实验室的软硬件条件。

4. 稳步推进专业发展建设规模

根据学院各方面办学资源和社会对医疗保险专业人才需求的实际，坚持量力而行、稳步发展的发展思路，把工作重点放在学生能力培养和教学质量上，增强本专业学生的竞争力。

撰稿人：

董伟康　南京医科大学康达学院人文与管理学部副主任

韩仲硕　南京医科大学康达学院人文与管理学部专业负责人

第十八节　昆明医科大学医疗保险人才培养案例

一、培养目标、专业定位、历史沿革和特色优势

1. 专业名称

劳动与社会保障。

2. 培养目标

培养德智体美全面发展，具备良好职业素质和实践能力，具有医疗保险管理能力和政策分析研究能力，兼具医学相关知识的复合型医疗保险专门管理人才。

3. 专业定位

以我国社会保障事业发展为背景，针对基本医疗保险领域管理人才和商业保险领域核保、理赔人才在医学知识上的欠缺，依托医学教育资源，以医疗保险为培养方向，将基础医学、临床医学知识与管理学、社会保险、商业保险知识相融合，旨在培养"懂医学、会保险、能管理"，能够在各级政府部门、社会保险经办机构、医疗卫生机构、商业保险公司、企事业单位人力资源部门，从事与社会保障、医疗保险相关的管理、研究工作的复合型、应用型医疗保险专门人才。

4. 历史沿革

2002 年该专业获准在昆明医学院设立并开始面向全国招生，文理兼招，学制四年，授予管理学学士学位。截至 2022 年 6 月，共招收了 20 届本科学生 1131 人，共毕业 17 届学生 882 人。目前该专业设置于昆明医科大学人文与管理学院，在校生人数 306 人。在 2019 年云南省高校专业综合评价中，在相同专业中排名第一，评价为 C 级，并首批进入云南省省级一流专业建设点名单。

5. 特色优势

（1）专业特色鲜明：人才培养方案、课程设置、教学计划等突

出医疗保险方向，有自己的独特定位，培养目标明确，针对性强。

（2）医疗保险特色方向有学校的医学教育资源做支撑，用人单位认可度高。

（3）形成了成熟、稳定、适应社会需求的人才培养模式。"公共课＋医学类课程＋专业类课程"的课程结构设计、"临床实习＋专业实习"的双实习安排、高质量的教学和严谨的教学管理，使毕业生在从事医疗保险核保、理赔、费用控制等方面有着明显的专业特长和优势。

（4）毕业生就业率高。跨学科的培养背景深得用人单位青睐，毕业生在基本医疗保险、商业健康险行业已得到广泛认可，为专业未来发展树立了良好口碑、奠定了坚实的社会基础。

（5）在省内医疗保险业界有较强的社会影响。2020年昆明医科大学与云南省医疗保障局签署合作协议，共同组建云南省医疗保障改革发展研究中心，并共同建立了云南省医疗保障干部培训基地。

二、毕业生就业（升学）情况

就业率高、就业岗位与人才培养方向匹配度较高，就业主要集中在社会保险和商业保险的涉医类岗位。毕业生中40%左右在保险公司的管理岗就职，主要在健康险、长期护理保险、意外伤害险、车险人伤的核保、理赔管理岗位，晋升快，在业界拥有良好评价；20%左右在各级医院的医保科、病案室工作，迅速成长为业务骨干；15%左右在企事业单位的人力资源部门工作；10%左右被政府各种层次的招考录用；不到20%的毕业生在其他各种行业就职。考研比例和升学人数逐年呈明显上升趋势。

三、获省部级及以上奖励和支持情况

1. 奖励情况

在教育部全国高校"两课""精彩一课"示范片评选中，何梅老师的参赛教学视频入选教育部12部示范片之一，获得教育部的奖励；

专业课教师李璐燕兼职担任班主任工作，以突出的表现，被授予云南省"最受学生欢迎的班主任"荣誉称号；何梅被云南省教育厅、省高校工委授予"云南省师德标兵"称号；许丹妮、李璐燕、陆烨、李雅琳多次在省级、全国教学比赛中获得一、二、三等奖的好成绩。

2. 支持情况

（1）作为学校第一个管理学类专业，学校给予本专业"重点扶持学科"和"特色扶持专业建设"专项支持，"十四五"期间教育厅和学校给予本专业"省级一流专业建设点"专项支持。

（2）云南省医疗保障改革发展研究中心、云南省医疗保障干部培训基地挂牌在人文与管理学院，为专业建设和学科发展提供了重要平台和支撑。

四、深化专业综合改革的主要措施和成效

1. 完善人才培养方案，优化课程设置

新版人才培养方案在保证国标要求全部课程的同时，保留了卫生经济学、保险医学、病案与疾病分类等特色课程；结合医疗保险核保、理赔需要，强化了基础医学课程中解剖学的内容和比重；根据医保局管理重点，增加了药事管理、健康管理等拓展选修课。

2. 整合医学类课程、强化"双实习"安排

对基础医学、临床医学课程做了精简和整合；修订了临床实习大纲，突出了专业特色和要求；专业实习在大四上学期开始，学生根据就业意愿，前往保险公司、医院医保科、医保局等自选单位或实习基地，进行为期12周的毕业实习，并鼓励进一步开展试用性实习，实现与就业的无缝对接。

3. 加强教材建设

组织临床实习医院编写了国内第一部专供涉医类文科专业使用的临床医学教材，已由高等教育出版社出版发行。这套书包含内外妇儿诊断学在内的五本教材，为医疗保险、医药营销、健康管理、医务社工、应用心理学等专业方向的临床教学提供了一套针对性更强、更适

用的教材，获得各方一致好评，获得校级教学成果一等奖。

4. 启动学业导师制

配合学分制改革，为每一名学生配备了学业导师，使学生从入校开始，在面对选课、专业课学习、未来升学、就业选择等问题的时候，都可以与自己的导师进行一对一沟通、讨论，为学生成长提供了很好的帮助和指导。

5. 以学科建设带动专业建设

团队成员通过申报国家社科基金、主持教育厅课题及横向课题，参与卫健委、医保局、社保局的调研和政策咨询，提升学术水平，同时促进专业的成长、提升专业的社会影响。

五、加强师资队伍和基层教学组织建设的主要举措及成效

通过鼓励教师攻读博士、参加各种培训、参加教学比赛来提高专业课教师素质，年轻教师在全国医疗保险专业教学比赛、校级省级教学比赛中多次获得一、二、三等奖的好成绩。

整合学院其他两个专业、公卫学院、药学院相关专业课教师，形成课程团队，加强课程建设。组建了包括校内骨干教师、附属医院管理专家、保险公司优秀带教老师在内的"社会保障改革创新团队"，获得学校立项资助，通过学科建设带动师资队伍成长。

先后建设了曲靖市第一人民医院、蒙自市人民医院临床教学与临床实习带教基地，充分利用附属医院的优质教学资源，保证临床理论课和临床实习的高质量完成。

与筛选出的保险公司、定点医院、各级医保局签署实习协议，建设稳定、高质量的实习基地，并聘请一线管理专家兼职讲授理论课，实现理论与实践的紧密结合。

六、加强专业教学质量保障体系建设的主要举措和成效

实行严格的教学质量监控，对同行听课、专家听课、学生评价中出现的问题，要求进行及时整改。

选用"马工程"、国家规划教材和有专业特色的高质量教材，确保达成专业、课程和教学目标。

规范临床实习基地和专业实习基地建设，在基地筛选、教学任务协调、签约、挂牌、带教等环节，制定规范而严格的管理制度。对实习过程进行跟踪和抽查，并对实习效果制定严格的考评机制，充分保障"双实习"教学的高质量落实。

对毕业论文实行全过程管理和考评，从毕业论文撰写专题辅导、导师分组、选题指南、开题答辩、期中检查、指导教师打分、评阅教师打分、论文答辩等多环节着手，严把质量关。

加强过程性考核与终结性考核有机融合，加大课堂表现、课外作业、阶段性测试等过程性考核比重。

七、毕业生培养质量的跟踪调查结果和外部评价

毕业生在基本医疗保险、商业保险的相关领域显示了较强的竞争力，收获了来自用人单位的较高评价。跟踪调查显示，学生在医院医保科、病案室和保险公司核保理赔岗，因为有医学背景、临床实习背景、专业对口性强而广受好评和重用，用人单位对学生的工作表现、政治素养、专业水平、职业能力满意度均为100%，其中"很满意"的占比相对较高，分别为46.48%、42.25%、45.07%、43.66%。

保险公司作为聘用本专业毕业生最多的单位，反馈认为专业的课程结构与岗位匹配度高、学生医学知识扎实、动手能力强、综合素质较高，晋升较快。医院医保科作为毕业生最青睐的岗位，反馈认为学生对医保政策有较全面的把握，政策理解力强、业务上手快，部分学生因为具有较为全面的知识背景而迅速晋升为医保科主任。

八、下一步推进专业建设和改革的主要思路及举措

加强师资队伍建设，通过招聘引进人才、整合校内外师资来形成高质量的课程团队和学科团队。同时，强化激励和考评，提升在职教

师的学历和职称，优化队伍结构。

借助学校学分制改革，推进课程资源共享，打破校内各专业、校与校之间的壁垒，突破现有师资不足，让学生充分享受优质的医学及各类教学资源。

建设社保经办管理、商保核保理赔虚拟仿真实验室，让学生通过课程实训实现理论与实践的结合，提高实操能力和综合素质。

加强实习基地建设，建设校企合作的教学互动、实习实训和就业直通模式。

依托云南省医疗保障改革发展研究中心和云南省医疗保障干部培训基地，加强理论研究、积极参与政策咨询，扩大专业影响，建设独立学位点，为学生的升学营造良好的氛围和创造更多的就业机会，使专业建设走上一个新的台阶。

撰稿人：

何　梅　昆明医科大学人文与管理学院专业负责人

第十九节　南方医科大学医疗保险人才培养案例

一、培养目标、专业定位、历史沿革和特色优势

1. 专业名称

公共事业管理（医疗保险方向）。

2. 培养目标

培养德、智、体、美、劳全面发展，具备管理学、经济学、医学知识，熟练掌握医疗保险的相关理论、方法与技术，具备在各类社会医疗保险、商业医疗保险主管和经办部门以及医疗卫生机构从事基金核算、监管、核保与理赔等实务、管理、政策评价以及科学研究等方面的创新型高端人才。

3. 专业定位

依托公共管理一级学科，聚焦卫生健康领域，注重管理学、经济学、保险学与医学交叉融合，服务健康中国战略，努力打造特色鲜明、有影响力的国家一流专业。

4. 历史沿革

20 世纪 50 年代开展卫生勤务学的教学和科研工作。2004 年学校转制后，陆续成立卫生管理学系、经济学系，招生公共事业管理、经济学专业本科生。2016 年，卫生管理学院招生经济学（卫生经济与医疗保险）专业本科生，2019 年，招生公共事业管理（医疗保险）方向本科生。2020 年，公共事业管理专业获批国家级一流本科专业建设点。截至 2020 年累计本科毕业生近 1500 人，在读本科生近 200 人。

1998 年获批社会医学与卫生事业管理硕士点；2012 年获批公共卫生政策与管理二级学科博士学位授权点。2017 年获批公共管理一级学科硕士学位授权点。2021 年获批公共管理专业硕士点（MPA）。学院拥有在读研究生、博士 100 余人。

2010 年起，学院与葡萄牙里斯本大学学院（ISCTE – IUL）合作培养公共卫生政策与管理博士和医药卫生管理硕士；2021 年起，与英国伯明翰大学合作培养卫生经济与卫生政策等专业硕士。

5. 特色优势

充分调动校内外优势资源，依托卫生管理学院公共管理学科平台及国际化办学特色，认真研究区域发展及未来人才需求，重点培养具有较深厚的管理学、经济学基础，掌握现代医学知识，并能运用现代信息技术分析，胜任卫生管理与医疗保险研究和管理工作的创新型高级管理人才。

二、毕业生就业（升学）情况

毕业生初次就业率达 98.0% 以上，其中，出国深造和升学率约为 35%；每年均有 3~5 名推免生等被保送清华大学、复旦大学、浙江大学等国内知名高校，出国留学的学校有约翰霍普金斯大学、杜兰大学、曼彻斯特大学等国际名校。

三、获省部级及以上奖励和支持情况

1. 教学成果奖

2018 年至今，获得教育部高等教育国家级教学二等奖 1 项，广东省教学成果奖一等奖 1 项，广东省教学成果奖二等奖 3 项，广东省本科高校课程思政教学大赛三等奖 1 项。

2. 教学名师与教学团队

国务院特殊津贴专家 1 名，南粤优秀教师 1 名，省部级以上优秀教师 1 名。

3. 学科专业建设

1998 年，社会医学与卫生事业管理硕士点；

2012 年，公共卫生政策与管理二级学科博士学位授权点；

2017 年，公共管理一级学科硕士学位授权点；

2018 年，社会医学与卫生事业管理评为广东省特色重点学科；

2020 年，公共事业管理获批国家级一流本科专业建设点；

2021 年，公共管理专业硕士点（MPA）。

4. 课程与教材

主编、参编《医疗保险学》《卫生事业管理》《健康保险学》等教材多部，医疗保险学、卫生事业管理学等多门课程获评为广东省一流课程，卫生事业管理学获评为广东省课程思政示范课堂。

5. 实验和实践、教学平台

学院拥有教育部国别和区域研究中心——世界卫生组织研究中心、广东省人文社会科学普及基地——公共卫生应急与健康教育基地、广东省高校哲学社科重点实验室——公共卫生政策研究与评价重点实验室、广州市人文社科重点研究基地——广州市城乡公共卫生服务体系建设研究基地，并拥有多个校级研究平台。

四、深化专业综合改革的主要措施和成效

1. 主要措施

（1）构建精品课程群。开设基础医学概论、临床医学概论等医科类课程，管理学原理、公共政策学、经济学基础、金融学等专业基础类课程，会计学基础、保险学精算、社会保障学、公共经济学、卫生经济学、医疗保险学、人寿保险学等专业课程，还开设了商战沙盘实训、医疗财务管理实训、创业实战模拟等特色实训课程。

（2）以行动导向性教学和项目导向性科研训练为翼，让学生课堂教学中掌握专业技能、习得专业知识，构建知识体系。依托院校重点实验室，开展现场调查、统计软件应用等科学研究基础训练。在科研立项和训练计划中，充分调动学生科学探究兴趣，强化研究方法训练。

（3）实施社会实践。本科生通过社会调查等多种形式，开展主题实践活动。围绕医改与医保热点，培养学生专业兴趣，锻炼组织规划能力和基本调查分析方法；针对医疗保障研究的核心问题，教会学生掌握科学研究方法。

（4）通过国内外合作项目促全面发展。一是与葡萄牙里斯本大学学院、南京医科大学等国内外高校开展本科生交流项目；二是与医院合作共建学科，建立见习实习基地，师资互聘交流。

2. 建设成效

人才培养质量高。2017～2021年本科生先后发表国内外论文30余篇。获国家级竞赛一等奖3项，二等奖5项，获省部级竞赛特等奖1项及其余奖项100余项。用人单位评价毕业生"专业技术能力优秀、实践创新能力强"，对毕业生满意率达100%。出国深造率和升学率约35%，就业率保持在97%以上。

五、加强师资队伍和基层教学组织建设的主要举措及成效

1. 主要举措

（1）加强专业教师队伍建设。学校层面加强教师培训和完善激励机制，实施年度"本科教学优秀教师"评选，实行师德师风一票否决制等。学院层面从学科建设经费拨出专项经费选派教师去兄弟院校学习，设立院级教改项目。

（2）加强基层教学组织建设。学校成立教学发展中心、党委教师工作部、教学指导委员会。学院由教研办负责教学组织管理，学工办负责学生信息员建设，明确院系教学质量管理职责，成立学院教学指导委员会、教学督导团，开展教学指导、过程质量监控。

2. 建设成效

建成一支高素质专业教师队伍。现有教师 21 人，其中教授 6 人、副教授 14 人，博士学位以上占 90%。学院有南粤优秀教师 1 名，国务院特殊津贴专家 1 名，省部级以上优秀教师 1 名。

教学成果比较显著。获广东省教改课题 7 项，校级教改项目 24 项，校级精品资源共享课 2 门。公开出版教材 3 部，参编教材多部。

六、加强专业教学质量保障体系建设的主要举措

1. 强化质量保障体系建设

学校设置专业、课程、教学过程、教学管理、师资建设 5 类质量标准，出台多项教学管理制度规范工作流程。建立校、院、系三级质量管理职责。严格落实集体备课、听课看课、教学督导和教学检查制度等，建立本科生导师制、书院导师制和学院督导制。定期召开教学研讨会、教学督导、教学检查、实习考核，及开展专业培养方案调整和实践教学基地动态考核。

2. 加强教学质量监控反馈

充分利用学校教务管理系统、网络题库考试与评价系统、爱课教学支持系统、学生实习支持系统，实现教学计划、教学过程、教学结

果质量全程实时监控，通过网络反馈、现场反馈、会议反馈等形成质量管理闭环，确保教学效果及时反馈与监控。

七、毕业生培养质量的跟踪调查结果和外部评价

医疗保险专业人才培养质量稳步提升。毕业生初次就业率为98%以上，出国深造和升学率为35%；每年均有3~5名推免生被保送国内知名高校，出国留学的学校有约翰霍普金斯大学、杜兰大学、曼彻斯特大学等国际名校。

近500人次参与了国家级、省部级竞赛，获得国家一等奖3项、国家二等奖5项，获得省部级特等奖1项及其余奖项100余项。发表国内外学术论文30余篇；本专业学生在"人卫杯"全国医药卫生管理专业本科生论文竞赛、商战沙盘比赛中多次获奖。

用人单位评价毕业生"专业技术能力优秀、实践创新能力强"，对毕业生满意率达98%。

八、下一步推进专业建设和改革的主要思路及举措

1. 主要思路

贯彻全国教育大会、落实新时代高教40条，建设一流师资队伍，打造一流课程体系，深入推进医疗保险专业人才培养模式改革，培养医文管融通的医疗保险专业管理人才。

2. 建设举措

（1）深化人才培养模式改革。以国家《全国人才队伍建设规划纲要》和教育部《普通高等学校本科专业目录》《普通高等学校本科专业类教学质量国家标准》等为指南，树立和践行大健康理念，切实增强学生的自主创新能力和实践能力。

（2）强化综合能力培养。修订卫生管理创新人才培养计划，优化课程内容，提高课程质量，加大"金课"、慕课、双语课程建设力度。不断完善教学方式，大力推进混合式教学、智慧教学等。

（3）打造特色专业。依托公共卫生政策与管理二级学科博士点，

公共管理一级学科硕士学位授权点，公共管理硕士专业学位授权点，完善学科专业层次，形成相关学科群。

（4）推动协同育人平台建设。完善现有平台，争取立项省部级人文社科重点研究基地。在现有实践基地基础上，做好国内外高校学生交流和医院单位师资共享。加强实习基地师资培训和条件建设，协同育人，保证实践教学质量。

撰稿人：

王　冬　南方医科大学卫生管理学院院长

王　莉　南方医科大学卫生管理学院专业负责人

张屹立　南方医科大学卫生管理学院教师

第二十节　内蒙古医科大学医疗保险人才培养案例

一、培养目标、专业定位、历史沿革和特色优势

1. 专业名称

劳动与社会保障（医疗保险）。

2. 培养目标

本专业以服务内蒙古医疗保障领域治理体系及治理能力现代化建设需要为目标，以新时代卫生健康事业改革发展新思想、教育教学改革发展新理念为指导，建设内蒙古自治区重要的医疗保障管理人才培养基地。

3. 专业定位

本专业立足内蒙古、服务内蒙古，培养掌握公共管理、经济学基本理论，了解医学和药学基本知识，能够从事医疗保险管理、人身保险管理、卫生经济管理等方面工作，并具有一定理论研究能力和实操能力的优良管理人才。

4. 历史沿革

依托内蒙古医科大学卫生管理学院及学院公共管理类特色平台，于 2013 年成功申报劳动与社会保障专业（医疗保险方向）并于同年开始招生，至 2022 年，已招收 10 届共 324 名学生，已有 6 届毕业生。

5. 特色优势

首先，本专业具有医疗卫生特色先天优势。依托内蒙古医科大学的特色优势，拥有良好的医学教学资源。其次，具有医疗保障管理特色优势。学院有一支优秀的集卫生经济、公共管理等背景知识的专业教师团队，具备培养集管理学、经济学、法学和医学专业知识于一身的医疗保障人才的基本条件。再次，具有卫生管理和医保管理研究平台优势。依靠学院先后建立和获批的各类相关研究基地，包括内蒙古自治区级别的卫生政策研究所基地、医疗卫生领域重点学科基地、健康政策研究会基地、高等学校人文社会科学重点研究基地、一流本科专业建设点、公共卫生应急管理重点实验室以及医疗保障研究中心等各类研究基地，能够做到人才培养、政策研究、咨政服务相统一。

二、毕业生就业（升学）情况

目前，共有 6 届毕业生共 220 人。其中，考取研究生人数为 19 人，分别就读于大连医科大学、四川大学等国内大学和泰国朱拉隆功大学等。毕业生中，就业于劳动与社会保障及相关领域的学生占比为 31.5%，在内蒙古自治区内就业的学生占比为 75.6%。毕业生主要从事医疗保险、管理和人事等工作，为地方经济和自治区建设做出了积极贡献。

三、获省部级及以上奖励和支持情况

2018 年，公共事业管理专业获批内蒙古自治区品牌专业。

2019年，"医疗保险学"课程获批内蒙古自治区一流在线课程。

2021年，与内蒙古自治区医保局共同建立内蒙古自治区医疗保障研究中心。

四、深化专业综合改革的主要措施和成效

1. 主要举措

第一，找准专业发展定位。立足本校资源优势，精准识别区域发展需求，"文"与"医"学科交叉融合，培养自治区卫生和医保领域治理体系及治理能力现代化建设所需的专门人才。第二，强化专业质量改进。坚持"以本为本"，对标国家标准，三次优化人才培养方案。注重学科交叉融合，围绕健康中国建设和医药卫生体制改革前沿，构建医保管理实用型人才培养体系。第三，加强专业教学改革。建立了由课堂理论讲授、实验室电子模拟、卫生机构和医保机构实践教学、卫生政策研究论文设计（导师制）多种教学方式相结合的多元教学模式。形成了翻转课堂、微课、慕课、CBL教学、PBL教学、实地考察等多种教学方法，以及课堂出勤、课堂讨论、课程实践、课程论文、期末考核等多维考核形式。建立了由脱产实习、实验课程、现场调研、志愿服务、专家讲座和角色体验组成的实验实践教学体系。第四，创新专业管理体制。建立学院、专业学系、教研室三级专业管理体制，建立青年教师导师制、本科生导师制，建立专业团队学习、专业学生社团组织。第五，优化专业师资队伍。加大招聘力度、资助在岗读博，改善师资队伍结构；建立内部学习制度、教学技艺交流，提升专业师资水平，同时，组建教研团队、完善激励制度、支持外出学习、开展咨政服务；第六，构建协同育人体系。依托学院多项学科平台，以及打造的"健康内蒙古建设论坛""卫生政策系列讲座"等专业学术活动品牌，组织师生上千人次参加学术交流。与泰国朱拉隆功大学等学校开展本科生文化交流、硕士生推免、博士生委托培养和教师交流等专业合作。

2. 成效

本专业形成教研团队 2 个、校级教学名师 1 名、教坛新秀 1 名。资助近 10 名学生出国交流，6 名师生出国进修学习。获自治区哲学社会科学优秀成果二等奖一次、三等奖三次。学生有 6 人次获得科研作品、专业技能、创新创业等方面省部级以上的奖励。建成自治区高等学校人文社会科学重点研究基地和医疗保障研究中心。

五、加强师资队伍和基层教学组织建设的主要举措及成效

按照补充数量、改善结构、强化培训、提高素质的建设思路，通过加大招聘力度、支持外出学习、资助在岗读博、组建教研团队、开展谘政服务、完善激励制度等措施，全面推进专业师资队伍建设。派送青年教师赴国内外高校进修访学、攻读博士学位、开展博士后研究。本专业现有专任教师 10 名，生师比 1∶6.9。其中，教授 3 名，博士后 1 名，博士 3 名，自治区医改政策咨询专家 1 名，国家专业学会常务理事、理事 2 人，卫生政策研究期刊编委 2 人次，学校级教学名师 1 名，教坛新秀 2 名，教学科研团队 2 个，自治区级课程建设项目 1 个。

在基层教学组织建设方面，分级建立学院专业建设委员会、医疗保障学系和专业课程教研室三级教学科研管理体系，并在各分工协作的专业建设权责机制。

六、加强专业教学质量保障体系建设的主要举措和成效

1. 主要举措

第一，建立健全教学管理体制。建立学院、学系、教研室、课程组四级教学管理体制，明确岗位职责管理责任。第二，严格执行教学质量标准。按教学环节，从确定任课教师、分配教学任务、选编教学用书、加强集体备课、撰写教案讲稿、统一授课计划、组织课堂教学、组织成绩考核，到加强论文指导和教学检查十个方面，严格规范

教学质量。第三，严格遵守教学工作流程。按照集体制订教学计划、填写任课通知书和教学进度表、个人备课、集体备课、组织教学、实践实验、观摩教学与阶段性教学检查、教学效果考察、考试阅卷、教学工作总结的工作流程规范专业教学工作。第四，严格教师工作业绩考核。围绕教学工作目标，贯彻"尊重知识、尊重人才、尊重劳动、尊重创造"理念，开展教师业绩考核与工作激励。第五，建成了完善的实践教学体系。2016 年按照学院分学系管理设置，开始医疗保障学系专业管理。2017 年进一步完善了"专业基础 + 实践环节 + 创新创业"的课程体系，其中，专业基础学分占总学分比为 75.4%，实践教学环节即"实践环节 + 创新创业"学分占总学分比例为 24.6%。同时，在专业建设之初，即配备了实验室软硬件。

2. 成效

建成了由机构、人员、制度和活动构成的组织健全、环节完整、管理规范、运行良好的教学质量管理体系，保证了专业建设质量。

七、毕业生培养质量的跟踪调查结果和外部评价

1. 跟踪调查结果

本专业自 2013 年开展本科招生以来，已有 6 届毕业生，历年一次就业率均高于 80%。80% 以上的毕业生在内蒙古自治区各级医保行政和相关部门、各类医疗卫生服务机构和医药卫生相关组织与企业就业，从事医药行政管理、医保管理和医保相关保险业务等工作。毕业生就业情况跟踪调查显示，20% 左右的毕业生在毕业后三年内得到职位晋升。

2. 外部评价

根据对用人单位的持续跟踪调查，用人单位普遍认为本专业学生具有较好的专业知识结构、较强的管理思维和组织能力、较高的岗位胜任力。2015 年起学院每年组织一次毕业生论坛，邀请本专业毕业生返校交流，反馈社会对专业建设发展的需求。

八、下一步推进专业建设和改革的主要思路及举措

1. 主要思路

依靠广大教师，围绕教学科研，抓住队伍建设，更新建设理念，创新建设制度，优化资源配置，深化教育改革，强化内涵建设，努力实现专业高质量发展。

2. 主要举措

第一，厚植学科基础。强化公共管理学科高层次人才引进，强化其相关课程理论和方法对卫生管理和医保研究的支撑，2025 年建成自治区一流学科。第二，优化课程体系。完善课程设计，实化课程建设，注重公共管理和医疗保险理论教学、注重方法论教学和实践实验教学、注重医保管理特色教学和精品课程引领。第三，强化科研支撑。加强 5 个自治区级科研平台规范化建设，加强教师科研能力训练和国家级科研项目申报。第四，加强队伍建设。建立个人"多点执业"，实施专业教师借调国家政策研究机构、挂职政府部门和卫生机构计划，完善人才激励机制。第五，深化教学改革。深化"新文科""新医科"建设，推动向"四全育人"教育理念和模式转变；突出公共管理和医疗保险理论教学、方法论教学、实践实验教学，强化互联网技术运用，加快多元复合式教学模式和教学方法转变。第六，扩大对外交流。依托学院国内外交流合作渠道，拓展国内外交流合作内容，提高本科生游学、硕士推免、博士委托培养效果。继续开展线上"每周一课"专业讲坛，推动专业学习活动常态化。第七，新上医保专业。申报医疗保险专业，争取由医疗保险专业替代劳动与社会保障（医疗保险方向）专业，使医保专业回归专业本位。

撰稿人：

范艳存　内蒙古医科大学卫生管理学院院长

于彩霞　内蒙古医科大学卫生管理学院副院长、专业负责人

第二十一节　山东第一医科大学医疗保险人才培养案例

一、培养目标、历史沿革

1. 专业名称

医疗保险。

2. 培养目标

本专业培养具备医学、管理学和医疗保险理论、技术与方法等方面的基本知识及实际应用的能力，能在医疗保障行政部门、商业性健康保险机构或医疗卫生单位从事医疗保险管理、人身与健康保险核保与理赔、医药卫生经济与管理等方面工作的应用型、复合型高级专门人才。

3. 专业定位

本专业坚持以立德树人为根本任务，以建设国家一流专业为目标，以《新文科建设宣言》为指导，通过着力构建政、校、企、研协同育人机制，德智体美劳"五育"并举，培养全面发展的复合型应用型医疗保险人才，并逐步形成医学、保险学和管理学等多学科交叉融合、医学特色鲜明、职业素养良好的专业定位。

4. 历史沿革

2020 年 2 月，山东第一医科大学（山东省医学科学院）与山东省医疗保障局签订协议，双方合作共建山东第一医科大学（山东省医学科学院）医疗保障学院和山东省医疗保障研究院。

2020 年成功申报医疗保险专业。

二、专业办学具体措施

山东第一医科大学医疗保障学院（山东省医疗保障研究院）以党中央国务院《关于深化医疗保障制度改革的意见》的精神为指导，

深入贯彻党的十九大以来党中央关于全面建立中国特色医疗保障制度的决策部署，以培养新时代经济和社会发展所需要的医疗保障人才为目标，尊重文科教育特点和人才成长规律，研究探索现代信息技术与医疗保险专业，保险学、管理学、经济学与医科专业深度交叉融合的新方向，提出医疗保险专业建设的新思路，科学确定医疗保险专业人才培养目标，探索基于多学科交叉复合的特色鲜明的课程体系、教学内容、培养方式，探索构建政产学研"共建、共管、共享"多元协同的人才培养机制体系，建立多元主体参与的资源管理平台，集聚多方资源为实现专业建设目标和人才培养目标提供支持和保障。

1. 构建政产学研协同育人的管理体制

（1）组建医疗保险专业建设与发展理事会。由省医疗保障局、保险公司、医院、医疗保险研究会和学院等单位共同组建医疗保险专业建设与发展理事会，理事会作为专业建设和发展的议事决策机构，根据《"健康中国2030"规划纲要》和国家"十四五"全民医疗保障规划、山东省医疗保障事业发展"十四五"规划，医疗机构高质量发展及保险公司的发展方向和对医疗保险理论知识与技能要求，为国家制定医疗保险实践教育与培训指导政策，向医疗保障局、卫生健康委员会和教育行政部门提供医疗保险实践教育发展和扶持政策建议；决定医疗保险专业的办学理念、指导思想、培养目标、课程体系、课程建设、教学模式改革和科研工作。按照会议决定、分工负责的原则，统筹协调各方资源保障决议的执行落实。

（2）成立教学工作指导委员会和科研工作指导委员会。委员会作为专业建设与发展理事会的参谋咨询机构。教学工作指导委员会和科研工作指导委员会由医疗保障局、医院、保险公司、医疗保险研究会和医疗保障学院等相关各方的人员组成，委员会依据2018年1月教育部发布的《普通高等学校本科专业类教学质量国家标准》，就学院的人才培养目标、培养内容和课程体系结构的优化、教学研究和教学改革、学科建设和科研工作等重大问题提出咨询意见，供理事会决策参考。

通过理事会和委员会，搭建各方交流合作的平台，形成制度化的运行机制，讨论、解决合作过程中遇到的困难和问题，凝聚共识和力量，实现共建共管共享。

2. 构建政产学研协同育人的运行机制

（1）明确各方的职责。通过签订合作协议，明确各方合作的内容及相应的权利和义务，合作的项目如下。

教学工作方面。一是由医疗保障学院牵头，落实新文科建设理念、构建符合医疗保险行业需求的人才培养方案、教学计划、教学内容，合理调整实践类课程设置。以新文科教育的新理念、新模式、新方法、新内容、新标准等作为医疗保险专业建设和教育改革的基本内容，培养医疗保障制度高质量发展、可持续发展所需要的复合型应用型人才，完善医疗保险专业建设的理论体系和实施路径；二是医疗保障学院牵头，各方共同进行部分专业基础课和专业课的建设；三是医疗保障局、医院和保险公司承担见习、实习和社会实践等实践教学，建立学院和医疗机构、保险公司之间"双选式"实践岗位匹配，实践教学基地为学生匹配"师徒式"顶岗教学指导模式；四是建立学院和医疗机构、保险公司间教师互派互聘制度，医疗保障局、医院和保险公司接收教师的挂职锻炼和进修，进行"双师型"专业教师队伍建设。

争取地方政府政策引导企事业单位共同承担人才培养的责任，对参与人才培养的企事业单位给予政策激励，争取各种社会资源，吸引多方力量参与专业建设，构建优势互补、项目共建、成果共享、利益共赢的人才培养共同体。

科研工作方面。一是学院（研究院）承担医疗保障局、保险公司、医院和医疗保险研究会委托的调研和培训项目；二是学院（研究院）与医保局、山东省互联网医保大健康公司和保险公司合作开发利用健康和医保大数据，为医保局和保险公司确定险种和待遇提供决策依据，为医疗保险基金的智能监管提供技术支持；三是学院（研究院）承担省医疗保险研究会的日常工作。

在社会服务方面。学院承担或协助医疗保障部门、医院和保险公司的医保人才的培训任务。各方合作开发课程，编制讲义和教材等。

（2）制定规章制度，提供制度保障。制定理事会和委员会章程，明确各自的职责权限和工作制度。

理事会的职责：学习学校的教育教学改革政策和管理制度，讨论教学工作过程中发现的问题并提出对策；制定"十四五"合作规划和年度工作计划，明确合作的方向、目标、领域和具体项目；制定考核评价制度，并以此作为各方每学年对合作事项进行总结和评价的依据。

制定评价体系，完善考核机制。建设学院人才培养质量评价体系，包括评价指标、标准及其相关流程。按照制定标准，理事会进行人才培养质量评估和监督执行。理事会进行人才培养质量评估，主要有四个标准：第一，该专业培养的人才是否有利于社会人才结构优化和经济的长远发展，是否符合当前用人单位的对医保人才的需求；第二，该专业是否受到学生的欢迎；第三，开设该专业的学校是否具备相应的师资力量及软硬件条件；第四，该专业是否符合学生个人的职业规划。

每年年底由理事会按照年度工作计划确定的目标和指标体系对合作各方进行考核和评价，提出改进意见和建议。

三、政产学研协同育人机制初见成效

1. 共同制定专业培养方案

政产学研协同体既是人才培养的主体，也是用人单位。学院依托政产学研协同育人机制，以政产学研人才需求为导向，分别与医疗保障局、保险公司和医院相关部门反复讨论，在培养目标、培养规格、课程设置和课程体系、培养方式和实践教学等方面认真听取他们的意见和建议。

2. 政产学研合作组建教学团队

由学院、医保局、保险公司和医院共同组建专业课的教学团队，负责教学大纲、教案的编写任务。目前，双师型教师比例达到30%，

负责和主讲保险学、社会保险学、医疗保险学、健康保险学、医疗保险精算、医疗保险基金管理、医疗保障法律制度等课程，其中，保险学、健康保险学、医疗保险学已被评为校级一流课程，正在积极准备省级一流课程的申报工作。

3. 政产学研合作开展实践教学

（1）合作共建实验室。山东省互联网医保大健康公司、网络科技公司合作建设医疗保险虚拟仿真综合实验室，由网络科技公司负责培训试验和实训师资，承担部分课程的试验实训任务。

（2）承担见习和实习教学任务。医保局、医院和保险公司承担了大一第二学期的专业认知见习和大二的临床课程理论教学和临床见习教学任务。

（3）科研合作成效显著。山东省医疗保障研究院承担山东省医疗保障局委托的项目 9 项，项目资金 30 万元，其中 4 项成果已被省医保局采纳并通过省委省政府批准颁布实施；与济南市医保局、山东省互联网医保大健康公司合作项目 1 项，项目资金 15 万元；与济南市医保局、泰康保险公司合作项目 1 项，项目资金 10 万元。

撰稿人：

苏宝利　山东第一医科大学医疗保障学院党委书记、专业负责人

第二十二节　天津中医药大学医疗保险人才培养案例

一、培养目标、专业定位、历史沿革和特色优势

1. 专业名称

劳动与社会保障。

2. 培养目标

本专业培养德、智、体、美、劳等方面全面发展，适应我国劳动

与社会保障事业，特别是医疗保障事业发展需求，掌握经济学、管理学、法学和社会学的基本理论、基本知识、基本技能和研究方法，通晓中外劳动和社会保障理论与实务，专业基础知识扎实，业务知识面宽，具有领导、协调、组织和决策的基本能力，具备职业道德和人文素养，能从事劳动就业、人力资源管理、社会保障与商业性保险运作与管理，并具有理论研究能力和教学能力的复合型人才。

3. 专业定位

在"健康中国"战略和医改政策推动下，以社会需求为导向，以现代教育思想和理念为指导，以传播知识、培养能力、提高综合素质为原则，以医疗保险为特色，依托医药学和保险保障专业知识，培养德、智、体、美、劳等方面全面发展，适应我国劳动与社会保障事业发展，特别是医疗保障制度改革发展所需要的既懂医学又懂保险学的高质量应用型人才，服务于天津市医疗保障制度改革，保持在天津市医疗保障领域的领先地位，同时力争引领国内同类专业发展的趋势和方向。

4. 历史沿革

天津中医药大学依托医学院校优势，根据社会经济发展对劳动与社会保障专业人才，特别是医疗保险人才的需求，于 2004 年设置劳动与社会保障专业，以医疗保险为特色，2017 年获批天津市"十三五"应用型专业建设项目，目前是天津市唯一培养本科层次医疗保险人才的专业。向全国特别是天津市输送了大量医保人才，产生了广泛的社会影响，对天津市医疗保险领域的重要影响已被记入《记忆天津医保十周年》一书中。

5. 特色优势

在"健康中国"国家战略和新医改政策推动下，社会保障、医疗保险人才需求旺盛。天津中医药大学劳动与社会保障专业依托医学院校优势，以医疗保险为特色。天津中医药大学在医学领域拥有雄厚的学科积累，大量的高层次师资以及附属医院、临床教学医院、医药企业等广泛的社会合作单位，可以为应用型劳动与社会保障人才特别是医疗保险人才培养提供有力支撑。

二、毕业生就业（升学）情况

2019～2021 年天津中医药大学劳动与社会保障专业毕业学生数分别为 55 人、52 人、56 人，就业率分别为 80%、86%、91.7%。就业去向主要是企业、医院、公务员。根据 2016 年麦克斯毕业生培养质量评价报告，2015 届本专业毕业生月收入、工作与专业相关度均高于同届同类本科院校。

三、获省部级及以上奖励和支持情况

天津中医药大学劳动与社会保障专业 2017 年获批天津市"十三五"应用型专业建设项目。建设了管理学市级综合实验教学示范中心和 13 个实习基地，支持师生进行实验教学研究、学生项目、学生竞赛活动、创新创业教育等。拥有省部级教学成果奖 1 项，校级教学团队 1 个。

四、深化专业综合改革的主要措施和成效

1. 主要措施

（1）课程建设。以培养应用型人才为出发点，针对劳动与社会保障职业岗位需要，特别是医疗保险职业岗位实际需要，以职业能力为基础，理论和实践紧密结合，采取分层次、滚动建设的办法，形成以医疗保险学课程为重点，既有较强针对性又有一定适应性的课程体系。

（2）教材建设。加强教材选用及管理工作。继续加强教材选用管理，规范选用程序，大力推广、使用国家级规划教材、"马工程"教材；加快教材的更新换代，使用 3 年内出版新教材的比例达到 80% 以上；鼓励直接引进先进的、能反映学科发展前沿的原版教材；重视实践教学环节的教材建设。没有独立设课的实验，编写了与主教材配套的实验指导书以及相应的实践教学环节

的课程设计资料。

（3）实践教学方面。强化课程实践教学内容。根据医疗保险课程群的培养目标，优化实践教学体系、内容、考核评价等；在教学方法上采用 PBL、翻转课堂等多种实践性教学手段，增强学生理论联系实际的能力；建设了管理学市级综合实验教学示范中心，安装有医疗保险教学模拟、社会保障业务演练电子沙盘系统、社会保险管理实训平台、社会保障翻转课堂实训软件、劳动关系管理、保险学等教学软件；建设了 13 个实习基地，通过与医疗保险行政管理部门、经办部门，如天津市医疗保障局、医疗保险基金管理中心、各大医院医保科等的广泛合作，进行医疗保险学课程群产教融合的探索。

（4）国际、国内交流。与澳洲名校埃迪斯科文大学（ECU）和莫道克大学（Murdoch University）建立"2 + 2"合作培养平台；与美国北阿拉巴马州立大学（UNA）开设了"3 + 1 + 1"国际合作办学项目；与英国北安普顿大学（UON）开设"3 + 1""3 + 2""4 + 1"等多种合作办学项目。

2. 成效

人才培养质量显著提高，天津中医药大学劳动与社会保障专业学生在专业竞赛中获多项校级、省部级、国家级奖励，2019～2021 年获全国"挑战杯"三等奖 1 项，全国"天堰杯"三等奖 1 项，全国"远志杯"三等奖 1 项，天津市大学生课外学术科技作品大赛特等奖 1 项、一等奖 1 项，国家级大学生创新创业训练计划项目 1 项、市级项目 4 项，全国医疗保险研究优秀论文评选获奖 3 项。2020 年就业率达到 91.7%。

五、加强师资队伍和基层教学组织建设的主要举措及成效

1. 主要举措

（1）对优秀青年教师进行资助，2 名青年老师进入天津市 131 创新人才第三层次人才计划，对优秀青年教师进行了开展学术交流、撰

写论文、培训等方面的资助，培养团队骨干。

（2）为青年教师提供教材撰写的机会，每位老师均通过教材撰写掌握了医疗保险相关领域最新研究进展、最新理论，并通过参加教材编写会议，与国内同行进行了交流学习，提高了教学水平。

（3）资助青年教师参与各级各类培训，鼓励教师提高教学水平与科研能力。

（4）鼓励中青年教师积极参与讲课比赛、教学研讨、教改研究等学术活动。

2. 成效

（1）经过近二十年的建设，拥有专职教师 6 名，兼职教师 2 名，高级职称所占比例为 75%，100% 具有博士学位，形成一支包括社会医疗保险、商业健康保险两个方向，年龄结构、职称结构、学缘结构合理、专兼职结合的教学团队；

（2）在教学和科研两方面形成一系列成果，2019 ~ 2021 年主持国家级项目 1 项，省部级项目 7 项，核心期刊发表论文 18 篇；市级以上教改项目 1 项，参编教材 8 部；横向课题 4 项，获市领导批示 2 项。

六、加强专业教学质量保障体系建设的主要举措和成效

每年更新教学管理制度汇编；根据人才培养目标，在校、院常规教学管理制度基础上，进一步细化了相关规定，并严格执行；有相应的教学质量保证和监控体系，运行良好；麦可思第三方调查基础上的社会需求调研和毕业生质量跟踪调查制度化、经常化，并据此及时进行改进；实验室管理安全规范、开放共享。

七、毕业生培养质量的跟踪调查结果和外部评价

2019 ~ 2021 年劳动与社会保障专业毕业学生数分别为 55 人、52 人、56 人，就业率分别为 80%、86%、91.7%，就业率不断提升。

根据 2016 年麦克斯毕业生培养质量评价报告，2015 届本专业毕

业生月收入、工作与专业相关度均高于同届同类本科院校。

八、下一步推进专业建设和改革的主要思路及举措

1. 优化课程体系和课程内容，重点建设医疗保险核心课程群

根据应用性人才培养目标和医学、保险、管理各板块知识规律，按照 3 : 4 : 3 的比例进一步调整专业知识内容和课时，完善课程内容的衔接、递进等；重点建设医疗保险核心课程群，针对医疗保险职业岗位实际需要，以职业能力为基础，依托专兼职队伍，采取分层次、滚动建设的办法，形成以医疗保险学课程为重点，既有较强针对性又有一定适应性的课程群，突出专业课程的职业定向性。

2. 强化实践性环节，根据就业方向细化实践教学内容

（1）实验教学方面，加大实验环节学分比例；针对医疗保险学、保险学等核心课程，进一步完善实验课程内容、教学大纲、考核评价等；在原社会医疗保险虚拟仿真实验教学中心基础上，加大商业健康保险方向实训内容建设，为学生提供模拟的实验环境，使其熟悉商业健康保险理赔核保等业务流程。

（2）实习、实训基地建设方面，在原有社会医疗保险实习、实训基地为主的基础上，拓展商业健康保险方向实习、实训基地建设，完善相应配套措施。

（3）教学方法方面，采用 PBL、翻转课堂等多种实践性教学手段，增强学生理论联系实际的能力。

（4）教材方面，针对医疗保险学实务教材较少的情况，编写《医疗保险实务》自编教材，服务于医疗保险学课程的实验部分。

3. 提升专职教师实践教学能力，建立稳定的兼职教师队伍

每年聘请 2 名以上天津市社保中心、商业健康保险公司、医院等实践部门优秀业务、管理人才担任兼职教师，参与课程建设和相关内容讲授，在此基础上完善兼职教师管理制度，建立稳定的兼职教师队伍。

4. 拓展产学研合作的领域

继续加强与政府实践部门，如天津市医疗保障局、医疗保险基金

管理中心、各大医院医保科等的产学研合作，参与天津市医疗保险政策制定，提高横向项目的政策转化率。在此基础上拓展与商业健康保险公司的产学研合作。

撰稿人：

马蔚姝　天津中医药大学管理学院专业负责人

第二十三节　皖南医学院医疗保险人才培养案例

一、培养目标、专业定位、历史沿革和特色优势

1. 专业名称

保险学。

2. 培养目标

本专业培养德、智、体、美、劳全面发展，适应健康中国战略需要，具有良好的人文、科学和职业素养，具有较强的传承能力和创新精神，系统掌握健康保险基本理论、基本知识和基本技能，能够在商业健康保险机构、社会医疗保险部门、医院（医疗保险办公室）、大型企事业单位以及高等院校等从事健康保险实务操作、业务管理以及科学研究的健康保险人才。

3. 专业定位

立足皖南，辐射华东，助力地方经济高质量发展。培养适应我国保险业现代化、国际化发展要求，掌握扎实的金融学、医学、保险学理论知识和专门技能的复合型保险人才。

4. 历史沿革

我校保险学专业最早追溯于 2005 年公共事业管理专业（医疗保险方向）。为适应 2008 年教育部本科高校教学质量评估要求，本专业 2007 年停招。

2012年以保险学专业独立申报，获教育部正式批准设立。2013年首次招生，文理兼收，年招生计划数60人。截至2022年6月，已满6届毕业生。

5. 特色优势

以社会需求为导向，结合医学院校特色优势，我校保险学专业坚持差异化发展，特色优势如下。

（1）全面准确完整贯彻落实《金融学类教学质量国家标准》，同时结合我校医学优势，积极推进教学改革与创新，在培养应用型人才上制定具有一定特色的培养方案。

（2）课程体系实施5＋X模式。"5"体现保险学的专业属性，"X"体现了课程教学的深度与特色，充分利用我校国家级一流专业临床医学、国家级特色专业和国家级一流专业建设点法医学专业优势增设与人才需求紧密相关的临床医学、法医学相关课程。

（3）实践教学注重学生医学与保险相结合的实践能力培养。特别是专业类实习方面，我校通过大四上学期医院实习（3个月）和保险公司实习（3个月）相结合的制度安排，适应复合型应用型人才培养需求。

二、毕业生就业（升学）情况

2018～2020年本专业与中国大地财产保险公司安徽分公司、中国平安财产保险公司安徽分公司、中国平安财产保险公司苏州分公司、中国人民财产保险苏州分公司、皖南医学院第一、第二附属医院、芜湖市第二人民医院、芜湖市中医医院等大型国有保险企业、三甲医院建立紧密长效的校企合作机制。

2018～2020年毕业生就业率均达到96%，毕业生大多数就业于商业保险公司，还有部分学生就业于银保监局、银行等机构。此外，近年来，本专业平均每年近10%学生考取硕士研究生或者赴境外深造。

三、获省部级及以上奖励和支持情况

近年来获得专业建设经费资助共计350万元。其中，2015年获批安徽省专业综合改革试点项目与安徽省财政厅教育厅支持高等教育振兴计划保险学新专业建设项目，2016 年校级基础教学保障项目支持计划，2018 年度获批教育部协同育人保险学实验实训中心建设立项，2020 年获批教育部协同育人项目保险学专业人身伤情鉴定课程教学体系改革建设立项。

四、深化专业综合改革的主要措施和成效

本专业依托我校临床医学办学优势，紧扣社会需求，不断优化复合型应用性的保险人才培养模式。

1. 课程设置

根据《金融类教学质量国家标准》，结合我校保险学专业定位与办学特色，专业必修课程体系实施"5 + X"模式。"5"体现保险学的专业属性，"X"体现了课程教学的深度与特色，充分利用临床医学、法医学等专业资源，增设基础医学概论、临床医学概论、法医学、法医鉴定等课程，并不断优化教学大纲和教学模式，构成医学教育核心模块。

2. 实践教学

我校保险学专业实践教学注重培养学生的实验技能、实践能力、调研能力、创业能力等。通过社会调查、社会实践和专业实践，注重培养学生的批判性和创造性思维，激发创新灵感。专业实践包括专业类实验、专业类实训和专业类实习等多种形式。

"十三五"期间建立了保险学示范实验中心，为专业类实验提供软硬件支撑，在部分专业课程教学过程中，逐渐融入实验教学，通过统计软件应用、金融数据挖掘与处理、保险精算等多种实验内容，强化对学生专业技能的学习与掌握。强调基础医学概论、临床医学概论、法医学等专业实验课程教学，保证医学实践课程教学质量，强化专业特色。专业类实训则依托实务部门开展实践教学活动，鼓励大学生开展科研创新活动。专业类实习方面，建立了稳定的校企合作实践教学基地，积极发展校企间产学研合作协同育人机制。

五、加强师资队伍和基层教学组织建设的主要举措及成效

师资是保障专业教学质量的决定因素，主要从规模数量、知识结构、发展规划、师德师风等方面进行师资优化。由于本专业创办时间较短，现有专职教师人数离基层教学组织标准化建设要求尚有差距，且青年教师占比较大，职称结构梯度不够完善。因此，根据我校"十四五"人力资源发展规划，完善学历提升与国内外高水平大学一流访学制度安排，不断优化青年教师培养的长效机制。

六、加强专业教学质量保障体系建设的主要举措和成效

1. 教学质量保障体系

我校 2022 年最新发布了《教师教学质量考核办法》，不断深化教育教学改革。完善由"决策指挥系统、教学运行系统、质量监控系统、条件保障系统、信息采集系统"构成的有反馈改进闭合回路的教学质量保障体系。通过学校、学院、教师、学生、用人单位五方面，共同加强教学质量保障工作。

2. 教学质量监控体系

完善各项教学管理制度、教学质量监控和评价制度，建立了教学质量监控体系。突出教学质量保证主体地位，将教学质量监控列入教学工作的重要内容，做到有布置、有实施、有成效。通过对影响教学质量的各相关要素进行系统、全面、有效的监控与评价，监控教学的每一环节，为提高教学质量提供了有力的保障。

3. 本科生导师制

提升学生创新创业能力，培养学生基本专业素养。形成了具有品牌特色创新团队 1 个，已逐步构建了本专业学生科研创新培育机制，2018～2021 年获得国家级大学生创新创业训练计划 5 项。积极组织本专业学生申报各类创新创业项目、学科竞赛以及课内外科技文化活动。现年参与量达 100 人次。建立学生创新活动抵折选修课、非课堂教学课程学分评价机制。

七、毕业生培养质量的跟踪调查结果和外部评价

本专业近年的毕业生初次就业率均达到 96%，就业单位分布趋于一定的多元化，如有相当数量的毕业生就业于银行、银保监局等机构，就业区域覆盖江浙沪皖地区，省内外影响力逐步扩大。毕业生思想品德、能力素养、工作态度、专业知识、创新能力、心理素质与团队协作等素养总体满意度在 96.7% 以上。

近年来本专业毕业生质量在继续深造方面也得以体现，学生考入对外经济贸易大学、西南财经大学、中南财经政法大学、广西大学、合肥工业大学等知名高校深造。

八、下一步推进专业建设和改革的主要思路和举措

1. 立足于专业内涵建设，协调课程设置标准化与个性化间矛盾

我校保险学专业是集医学教育与保险专业教育为一体的多学科交叉专业。当前教学对专业内涵把握不清晰，课程设置缺乏差异化与特色优势，依据《教育部金融学类专业教学质量国家标准》及《安徽省普通本科高等学校经济类专业评估指标体系》等要求，多学科交叉在课程设置上既是特色又是难点，我校探索临床医学、法医学、司法鉴定学、医疗保险核保与理赔实务操作等体现具有医学与保险实务深度融合的特色课程。如何有效协调专业课程标准与凸显专业特色间矛盾是需要重点解决的关键问题之一。

2. 如何鲜明体现我校保险学专业医学的办学特色

本专业实际教学中医学特色教育内涵建设明显不足，优势不够突出。具体而言：（1）医学类专业课教师对专业内涵缺乏认知，普遍认为只需掌握基本的医学常识，浅尝辄止；（2）医学类课程的课时分配不足，严重影响了教学质量；（3）医学类课程的实践课时不能有效保证。总之，如何鲜明体现保险学专业的医学特色是重点解决的关键问题之二。

3. 如何改革现有实践教学模式以适应能力培养要求

目前的教学模式存在着"重知识传授，轻能力培养"的现象，实践教学重视不足，主要原因有 4 点。（1）应用型或"双师型"师资匮乏，教师缺乏相关行业实践经历。（2）实践教学手段单一、理论陈旧、案例与实践脱节，仿真度不高等。（3）专业实习效果不甚理想。企业实习往往出于防止信息外泄与内部管理的考虑，学生难以参与核心业务操作。医院出于规避医疗风险的原因，会尽量减少学生的临床技能操作。（4）实践教学考核与评价形式单一且流于形式。管理机制方面，实习单位对学生缺乏带教与监管。学校对实习单位也缺乏应有的监督与激励。实践教学难以建立规范、可行、科学的考评机制。因此，如何改革现有实践教学模式以适应能力培养要求是重点解决的关键问题之三。

撰稿人：

俞　彤　皖南医学院人文与管理学院专业负责人

卞呈祥　皖南医学院人文与管理学院教师

第二十四节　潍坊医学院医疗保险人才培养案例

一、培养目标、专业定位、历史沿革和特色优势

1. 专业名称

劳动与社会保障。

2. 培养目标

本专业培养适应经济社会发展及健康中国战略实施需求，德、智、体、美、劳全面发展，具备良好社会责任感、扎实理论、创新意识和实践能力，掌握公共管理学、社会保障学、健康保险学等专业知识和基本技能，通晓中外社会保障和健康保险相关理论、技术方法并

具备实际应用能力，毕业后能在政府相关部门、医疗机构、商业保险公司、基层社会组织及其他企事业单位从事社会保障、健康保险、劳动人事管理的高素质应用人才。

3. 专业定位

依托医学教育资源优势，着力打造以能力培养为核心、医疗保险为特色的省内一流、国内知名专业，培养适应健康中国战略需求的高素质应用型人才，服务国家和区域经济社会发展。

4. 历史沿革

在公共管理一级学科高质量发展基础上，2002 年获批本专业，是山东省第一个以医疗保险为培养方向的本科专业。2013 年被确立为山东省应用型人才培养特色名校建设专业。2021 年，公共管理一级学科硕士点获批，同时获批 2021 年度山东省一流本科专业建设点。

5. 特色优势

（1）医疗保险人才培养特色鲜明。通过优化教师队伍、调整课程体系、突出实验实践教学等方式，不断提升医疗保险特色人才培养质量；并通过教学改革推进、产学研协同、校内外协作等办学机制的不断优化，为国家和区域经济发展培养了一大批医疗保险管理专业人才。

（2）教学优势突出，教学改革力度大。本专业致力于教学手段与方法改革与创新，课程思政、在线课程建设与教学经验在省内广泛推广，多名教师获全国、省级教学比赛奖励。

（3）支撑学科强，发展潜力大。依托我校公共管理一级学科硕士点、公共卫生应急管理博士点建设，共享国家级特色专业、山东省高水平应用型重点立项建设专业（群）等资源，学科发展优势显著。

二、毕业生就业（升学）情况

学生就业范围主要为人社、医保、医院、街办等各级各类国家机关、企事业单位，就业范围广泛。多名学生考取中国人民大学、武汉大学、吉林大学、四川大学、山东大学等知名高校研究生，考研专业涉及社会保障、社会医学与卫生事业管理、行政管理、社会工作等。

三、获省部级及以上奖励和支持情况

劳动与社会保障专业为省级特色名校重点建设专业、省级一流本科专业。获省级教学成果一等奖 1 项、二等奖 3 项；获评省级教学名师 3 人，入选山东省理论人才"百人工程" 1 人。所在学科有山东省高校黄大年式教师团队 1 个、山东省高等学校省级教学团队 1 个、山东省青创科技计划团队 1 个。1 门专业课程入选马克思主义理论研究和建设工程重点教材相应课程"精彩一课"。主编、参编全国高等学校医疗保险专业第一轮、第二轮规划教材 10 余门。建设山东省"十三五"高校人文社会科学研究基地 1 个。

四、深化专业综合改革的主要措施和成效

1. 完善人才培养方案，注重理念新

紧扣健康中国建设与新文科建设双重需求，以培养专业化、应用型医保管理人才为己任，不断完善人才培养方案，育人特色日趋鲜明，课程体系不断优化。

2. 打造全方位育人体系，注重措施实

探索"分阶段—递进式—全过程"能力提升的培养路径；实施"研究生—专业教师—实践导师"整合型导师制培养方案；打造完善的专业实践实训平台；开展 CBL、PBL、线上线下混合式课堂教学方法改革；努力打造五类"金课"。设计并推行"大学生成长与发展"计划 1 项，立项市级课程思政培育项目 1 项，建成在线课程 5 门。

3. 强化教育教学条件建设，注重基础厚

一是加强师资队伍建设。从思想观念、专业技能、综合素质等方面全面提升师资队伍水平。二是加强教材建设。优先选用全国规划教材、"马工程"教材，及时更新教学内容，建立了完善的教材选用制度体系。三是加强实践实训基地建设。建成 1 个公共卫生与管理综合实验实训平台，搭建 10 余处高质量实习实践基地，与公共事业管理专业共建共享"十三五"高校人文社科研究平台、山东省高校协同

创新中心等学科平台。

4. 以科研促教学，注重底蕴深

将科学研究与专业教学相结合，激发学生学习兴趣和潜能。近年专业教师承担各级各类科研课题 40 余项，获厅局级以上各类成果奖励 30 余项；本科生申报立项各级各类科技创新基金 20 余项，参与教师科研课题近 100 人次，获省级以上成果、赛事奖励近 20 项，在国内外核心期刊发表学术论文 10 余篇。

5. 探索政产学研协同，注重内外联

通过产教研协同、打造政府智库等机制，为健康中国建设提供高端人才和智力支持。学院的"健康山东"重大社会风险预测与治理协同创新中心、潍坊医学院中国康复健康研究院为重大社会风险治理和残疾人社会保障工作提供高水平的智力支持。

五、加强师资队伍和基层教学组织建设的主要举措及成效

1. 引育并举，优化师资结构

积极引进高层次人才，注重在职教师培养，不断提升教师素质；借助新进教师引领计划、青年教师提升计划、骨干教师支持计划、教学名师培育计划，不断优化师资队伍结构。

2. 健全基层组织体系，加强过程管理

重视基层教学组织建设，通过院系学术委员会、教学指导委员会、教学督导委员会、教研办公室、教研室、教学团队的建立健全，广泛开展多种形式的教学研讨活动，促进教师教学能力的不断提升。

3. 加强外部交流，提升学术视野和水平

通过"走出去，请进来"，鼓励教师参加国内外学术交流，聘请高水平专家来校讲学，组织教师参与资政项目，提升教师学术视野与学术水平。

4. 组建研究团队，促进教研相长

结合社会需求和专业特点组建教师研究团队，筹划凝练研究方向，实现教研互促。

六、加强专业教学质量保障体系建设的主要举措和成效

1. 改革创新为手段，搭建全过程师生互促的教学流程

以案例为载体，通过教学流程优化，开展多种形式的案例教学、PBL 教学、信息化教学和创新实践教学，有效实现以教促学，教学相长。

2. 需求满意为导向，构建全员全过程全方位教学质量保障体系

基于社会需求和学生需求，从学校、专业、课程、教师、学生全员出发，建立全过程全方位教学质量保障体系，注重校内外评价结果的综合分析和合理使用。

3. 先进理念为引导，构建"三级四方"教学质量评价体系

坚持以学生为中心、"以本为本"理念，构建了学校 – 院系 – 教研室三级教学督导，管理人员 – 督导组 – 教师同行 – 学生四方综合测评模式。

4. 追踪反馈建机制，实现教学质量改进的闭环管理

通过手机 app 实时教学评价、学校教学督导阶段性反馈、学生座谈集中反馈及毕业生追踪反馈的综合反馈机制，促进人才培养质量的持续提升。

七、毕业生培养质量的跟踪调查结果和外部评价

1. 毕业生座谈和调查

毕业生对专业认可度高，98.66% 的学生对教师教学满意，认为本专业注重理论、强调实践，多元授课模式满足了学生多方面的成长需求，对求职和深造起了重要作用。

2. 校友调查反馈

践行"泽被苍生，兼济天下"理念，90% 以上的毕业生进入不同层级的社保、医保部门、医院医保办和大中型企业从事专业相关工作，在各行各业都取得显著成绩，受到单位高度好评。

3. 用人单位走访调查

用人单位满意率95%以上，90%以上的单位认为本专业学生的工作胜任度比较强。多名优秀毕业生获得各级各类表彰，并到各级重要政府部门工作，部分毕业生扎根基层、任劳任怨，在平凡的岗位上做出了不平凡的业绩。

4. 第三方调查机构调查

本专业就业率高，就业方式多样，对口就业率91%以上，职业发展前景好。

八、下一步推进专业建设和改革的主要思路及举措

1. 完善一流本科人才培养模式

对标国家、行业、专业办学标准，适应新时代和新要求，创新人才培养模式，强化专业特色和优势；构建以能力培养为导向、政产学研协作培养的本科人才教学模式，进一步推进应用型、创新型本科人才培养模式的探索与实践。

2. 加强一流教学资源和条件建设

一是丰富课程资源。通过引进、自建、合建等方式，建设丰富的线上、线下课程资源及社会实践资源，将核心专业课程打造为"五类金课"。二是加强教材建设。鼓励教师主编、参编国家规划教材，建设一批高水平规划教材。三是完善产学研用合作体制与机制建设。创新与人社、医保部门、医疗机构、大中型企业协同育人、合作发展机制与模式。四是加强一流师资队伍建设。通过"内培外引"大力打造一流师资队伍，引进高水平学术带头人、优秀中青年博士人才，鼓励在职教师攻读博士学位；加强"双师双能"型教师队伍建设，支持教师国内外研修交流。

3. 推动一流教学手段与方法改革

坚持"学为主体、导为主线、知识传授与能力培养并重"的原则，继续丰富和完善"一体三翼"教学方法体系；积极探索线上线下混合式教学手段与方法改革；推动教学手段与方法改革经验向校内

外宣传推广。

4. 培育一流专业建设成果

建成一门全国性在线共享课程；出版一门国家规划教材；培育一名省级教学名师；建设一支高水平的教学团队；打造一个高端专业与学科发展平台。

撰稿人：

于贞杰　潍坊医学院管理学院副院长

胡善菊　潍坊医学院管理学院专业负责人

郭健美　潍坊医学院管理学院教师

第二十五节　西南医科大学医疗保险人才培养案例

一、培养目标、专业定位、历史沿革和特色优势

1. 专业名称

劳动与社会保障。

2. 培养目标

本专业培养具备适应我国医药卫生体制改革和社会发展需要，具备高度社会责任感、良好职业道德和健康身心素质，具有创新精神、实践能力和创新创业能力，懂医学、会保险、能管理，能在社保机构、医保机构、医疗卫生机构、商业保险公司，从事与社会保障，尤其是医疗保险相关的管理、研究工作的应用型、复合型、创新型公共管理人才。

3. 专业定位

为满足社会所需，本专业的发展一是面向区域市场，与时俱进，培养专业理论基础扎实，实践动手能力强，市场适应能力突出的应用型人才；二是多学科融合，培养复合型人才，培养中注重管理学、医

学、经济学、法学、社会学等多学科参与，但各学科有所侧重；三是立足于本校医学优势学科基础，侧重培养医保人才。

4. 历史沿革

本专业于 2004 年获批设立，于 2013 年开始首届招生。

5. 特色优势

学生系统掌握社会保障、保险学、人力资源管理相关知识，在掌握基础医学和临床医学的基础上，以医疗保险理论、经办管理、费用审核、基金管理为核心，强化医疗保险、健康保险知识的学习和实践，与其他保险学专业、劳动与社会保障专业的毕业生相比，本专业学生的医学知识背景和临床实习背景，使他们在从事医疗保险核保、理赔、结算、费用控制等方面，有着明显的专业特长和优势。

二、毕业生就业（升学）情况

截至 2020 年，本专业已培养六届毕业生。毕业生初次就业率一直稳定在 92% 左右。就业地集中在成都、重庆、泸州等西南地区城市，主要在医疗机构从事医保管理、病案编码工作，或者在商业保险公司从事核保、理赔工作。毕业生升学率稳步提升。

三、获省部级及以上奖励和支持情况

课程建设方面：社会医疗保险学课程获批四川省线下一流课程。

教师获奖方面：获"乐凡杯"全国高校医疗保险专业青年教师教学大赛特等奖 2 名、一等奖 1 名、二等奖 2 名；获全国首届医学人文教学竞赛二等奖 1 名。

学生获奖方面：曾获第十四届"挑战杯"四川省大学生课外学术科技作品竞赛二等奖、第四届四川省"互联网＋"大学生创新创业大赛银奖、第二届全国大学生职业发展大赛二等奖 1 项，第二届全国大学生财经素养大赛金奖 1 项、一等奖 2 项、二等奖 4 项、三等奖 4 项，第二届全国大学生组织管理能力竞技活动一等奖 1 项、二等奖 2 项。

四、深化专业综合改革的主要措施和成效

1. 优化课程体系

根据复合型人才培养定位，本专业将课程分门别类为公共基础课程、医学基础课程、专业基础课程、专业特色课程四大模块。公共基础课程模块以本科教育和管理学科必需的基础知识为主，提升学生人文素养，打牢专业基础；医学基础课程模块以从事医疗保险工作所必须掌握的医学知识为主，对学生进行特色化培养；专业基础课程模块以社保专业直接相关的基础理论为主，强化学生的理论深度；专业特色课程模块以就业所需的专业理论、专业技能为主，提升学生职业胜任力。

2. 创新教学手段

除采用传统的讲授法外，本专业还采用翻转课堂、情景教学、分组讨论等教学方法，激发学生的学习兴趣。此外，本专业还鼓励教师们强化超星平台、钉钉平台等在日常教学中的应用，积极开展线上线下混合式教学。

3. 系统化实践教学体系

为实现应用型人才的培养目标，本专业构建了课堂—校园—社会"三位一体"实践教学体系。课堂实践教学中主要借助教学软件开展模拟实训。校内实践教学依托社保公积金中心，举办医保讲座、知识竞赛、征文比赛、辩论赛，组织学生提供政策咨询服务。借助大学生创新创业大赛、"挑战杯"等赛事，鼓励学生参赛。社会实践教学包括安排在大一的认知实习，大二、大三的暑期实习，大四的毕业实习。

4. 强化校政企合作

一是搭建校政企合作交流平台。目前本专业已与泸州市人力资源和社会保障局、泸州市医保局、太平洋保险四川分公司、中国人寿四川分公司、平安健康保险公司、人保财险泸州分公司合作，建立校外实践教学基地。二是搭建学生就业平台。除学校每年举办大型校园双选会外，本专业还积极筹备社保专业毕业生专场供需见面会。

五、加强师资队伍和基层教学组织建设的主要举措及成效

一是建章立制，细化教师培养方案。上到学校层面，下至专业层面均制定了教师培养相关文件，让教师培养有法可依、有迹可循。二是依托平台，助力青年教师成长。依托学校教师发展中心，持续开展"青年教师教学能力提升训练项目"。借助院系"人文医大·问渠论坛""人文医大·他山讲坛"，充分发挥优秀教师的示范引领作用。鼓励教师外出参会、校外挂职，不断学习新思想、新方法。三是重视教改研究，提升教学效果。本专业要求青年教师至少主持或参研一个教改课题，并撰写一篇教学研究文章，重点呈现对教学过程的独到见解与反思，能够给自己和他人的教学工作提供借鉴。四是开展综合评价，反馈促进教学。采用学生评教、同行评教、专家评教相结合的综合评价方法，定期评价教师课堂教学质量，及时向教师反馈评价结果，就反馈中存在的突出问题通过组织专题教研活动，帮助教师改进教学。

近年来，教师们在各级各类教学比赛中，屡创佳绩：获国家级特等奖 2 人，国家级一等奖 2 人，国家级二等奖 2 人，校级一等奖 2 人，其中 3 人还获泸州老窖金教鞭之星奖。教改方面，主持和参与教改课题 6 项，参编教材 2 部、教学相关专著 6 部。教学中，学生的接受度与认可度较高，得到专家们一致好评。

六、加强专业教学质量保障体系建设的主要举措和成效

1. 建立教学质量标准

制定《西南医科大学劳动与社会保障专业本科教育质量标准》，建立健全了教学基本规范和教学管理基本流程。

2. 强化教学质量保障组织建设

除发挥学校教学督导团和教学信息员两支队伍的作用外，学院为进一步加强自我监督，还成立了学生督学助理团。

3. 定期召开教学工作会议

每学期期初召开一次教学工作会议暨集体备课会，讨论、研究包括专业建设在内的各项教学工作，分享本学期各自承担课程的教学内容、教学方法；每学期期中召开一次专题性会议，专题研究教学过程中遇到的问题，提出具体可行的解决方案；每学期期末召开一次教学总结会，总结本学期教学中的成效与存在的不足。

4. 实施教学三段式检查

期初教学检查以教学准备、教学秩序为主；期中教学检查以组织师生座谈会、查阅教学档案为主；期末教学检查以加强考风考纪建设和课堂教学质量综合评价为主。

七、毕业生培养质量的跟踪调查结果和外部评价

用人单位对本专业毕业生在道德素养、敬业精神、知识结构、专业技能、适应能力、沟通能力、团队协作、文化素养等方面都较为满意，给予高度认可，希望能提前让学生进入企事业单位实习，增强未来就业的归属感和认同感。

八、下一步推进专业建设和改革的主要思路及举措

1. 加强专业教师队伍建设，不断提高专业建设水平

为保证专业建设的长足发展，继续按照每年聘用 1~2 名新任教师的速度补充师资队伍，保持师资队伍规模增长，确保教师聘用的数量和质量。加强教师培训，增强其理论水平和实践能力。在理论水平提高方面，支持鼓励教师提高学历、参加在职培训，树立终身学习的理念；在实践能力培养方面，采用"送出去"和"请进来"相结合的方法，鼓励教师在搞好理论教学的同时兼顾职业资格取证，深入社会或企业开展科研立项、管理咨询等活动，运用实践工作中获取的第一手资料充实教学内容。

2. 深化人才培养模式改革，实施卓越人才培养计划

一是在遵循专业培养目标的基础上，从动态和发展的高度出发，

适时调整本专业课程设置或对现有课程内容进行必要而有益的补充。二是通过整合实验教学内容，改革实践教学方法，将分散于各门课程中的实训逐步分离出来，整合成具有综合性和设计性的实训项目，把分散的时间集中起来，提高实践教学的实效性。

3. 紧密结合专业的发展，进一步加强基础设施和专业基地的建设

一是在现有实验室设备和环境的基础上，逐步完善实验室的软件、硬件。通过整合、重组，优化资源配置，实行实验室开放制度。进一步建立健全实验室管理制度，完善实验室绩效评估机制。二是按照"长期性、综合性、实效性、互惠性"的原则，依托政府、企业，增加 2~3 个校内外实习"产学研"合作基地。以基地为基础，建立教学、科研、生产三结合的教学模式，提高学生的实践能力与创新能力。

撰稿人：

赵成文　西南医科大学人文与管理学院院长

王　敏　西南医科大学人文与管理学院专业负责人

万美君　西南医科大学人文与管理学院教师

高子捷　西南医科大学人文与管理学院教师

刘琰秋　西南医科大学人文与管理学院教师

叶子轶　西南医科大学人文与管理学院教师

张　洁　西南医科大学人文与管理学院教师

第二十六节　右江民族医学院医疗保险人才培养案例

一、培养目标、专业定位、历史沿革和特色优势

1. 专业名称

公共事业管理（医疗保险方向）、劳动与社会保障（医疗保险

方向）

2. 培养目标

本专业培养具备扎实管理学与医学基础，掌握医疗保险理论、政策、技术等方面的基本知识和应用能力，能在商业保险机构从事市场营销、核保理赔、费率精算、产品设计、经营管理等工作，在医疗保障部门从事政策分析、基金监管、筹资待遇、价格管理、药品招采、协议支付等工作，在各级医保定点医院从事病案管理、报销审核、收费改革、医疗监管、费用控制等医保业务和办公、组织、人事、宣传、医教、规培、医政、医务等行政业务的专业人才。

3. 专业定位

医疗保险专业是医科院校的新文科专业。本校医疗保险专业在知识与技能上要求学生具备"精保险、会管理、懂医学"的综合能力，为广西及周边地区的医疗保险事业和医疗卫生事业发展培养"保医交融"的复合型人才、"文理贯通"的现代化人才、"知行合一"的应用型人才，为实现人人享有基本医疗卫生服务的目标提供人才支持。

4. 历史沿革

为了优化专业结构、提升办学定位、顺应医改形势，我校积极探索"管—保—医"融合类专业的教育和实践。2008 年我校在广西率先开设公共事业管理专业（医疗保险方向），2018 年开办劳动与社会保障专业（医疗保险方向），主要培养社会医疗保险人才。经过十多年发展，我校医疗保险专业已经建成教学水平高、科研能力强、社会服务优的教学科研团队。

5. 特色优势

（1）"保—医"复合型人才。我校医疗保险专业主要培养"保医交叉"即既懂医学又会保险的复合型人才。

（2）"文—理"交融型人才。我校医疗保险专业主要培养"文理交融"即既有社会科学定性分析能力又有自然科学定量分析能力的交融型人才。

（3）"知—行"合一型人才。我校医疗保险专业主要培养"知行合一"即既有丰富理论知识又有扎实实践技能的综合型人才。

二、毕业生就业（升学）情况

2013～2017 届公共事业管理专业（医疗保险方向）就业去向显示，我校医疗保险专业毕业生就业率在 95% 以上，主要就业去向是医院（52%）、保险公司（24%）、其他企业（8%）、学校（2.86%），就业方向、就业人数和所占比例与人才培养目标基本吻合。

三、获省部级及以上奖励和支持情况

（1）2021 年，教学成果荣获广西高等教育自治区级教学成果二等奖。

（2）2022 年，公共事业管理专业入选广西壮族自治区级一流本科专家建设点。

四、深化专业综合改革的主要措施和成效

1. 专业建设举措

一是创新人才规格设计。目前，高校通常按照 KAQ（知识、能力、素质）设计人才培养模式。根据新时代我国高等教育发展的趋势和德智体美劳全面发展的要求，我校在医疗保险专业在 KAQ 人才培养模式的基础上设计出 VFKAQCL 人才培养模式，在结构上增设了理念、根基、证书、文艺四个指标，在内容上细化了知识、技能、素质三项指标。

二是细化人才培养标准。为了让人才培养模式切实落地，我校将医疗保险专业 VFKAQCL 人才培养模式细化为"12345678"人才培养标准，即一个理念、两大基础、三类知识、四种素质、五大技术、六项能力、七本证书、八个文艺。医疗保险专业"12345678"人才培养标准是领导"如何管"的方向，又是教师"教什么"的指针，也

是学生"学什么"的标准。

2. 专业建设成效

通过医疗保险专业的综合改革，学生的专业能力与需求实现了高度匹配，这极大地提升了毕业生就业的竞争力、岗位的胜任力和社会的贡献力。我校医疗保险专业毕业生就业竞争力持续增强，就业率达95%；去医疗卫生机构就业的毕业生具备较强的医院行政能力，85%以上已经成长为医院的中层领导；去健康保险公司就业的毕业生具备较强的保险经办能力，95%以上已经成长为公司的技术骨干。我校医疗保险专业建设成果深受领导和专家好评，荣获右江民族医学院教学成果特等奖、广西高等教育自治区级教学成果二等奖，入选广西壮族自治区一流本科专业建设点。

五、加强师资队伍和基层教学组织建设的主要举措及成效

1. 师资队伍和基层教学组织建设的主要举措

加强专业师资队伍建设。一是通过内培外引的途径提高专业师资的学历层次；二是通过职业规划的途径提高专业师资的职称层次；三是通过挂职锻炼的途径提高专业师资的实践经验；四是通过传帮带教的途径提高专业师资的科研能力；五是通过教学督查反馈提高专业师资的教学能力。

加强基层教学组织建设。一是设置 2 个教研室，即医疗保险教研室、劳动与社会保障教研室；二是建设 2 个实训基地，即 1 个医疗保险实训室、1 个卫生管理与政策分析中心；三是发展 1 个研究基地，即国家民委医学社会科学研究基地。

2. 师资队伍和基层教学组织建设的主要成效

师资队伍增强：我校医疗保险专业师资队伍的数量、水平、层次、结构有了质的提升和优化。既懂理论又会实践的双师型师资、既懂医学又会管理的交叉型师资、既有科研能力又有教学水平的双能型师资实现了从"无"到"有"的突破和从"少"到"多"的转变。

227

教研条件优化：做大医疗保险实训室，建成提供软件模拟和角色扮演的医疗保障实务课程实训基地；做强卫生管理与政策分析中心，建成提供政策模拟和定量分析的医院管理实务课程实训基地；做优国家民委医学社会科学研究基地，建成提供学术研究、交流和服务的医疗保障研究平台。

六、加强专业教学质量保障体系建设的主要举措和成效

1. 专业教学质量保障体系建设的主要举措

秉持有为信念，采取有力措施，按照有序步骤，确保有效目标，全方位、全过程落实医疗保险专业"12345678"人才培养模式，即一个理念（德智体美劳全面发展）、两大基础（为人 + 处事）、三类知识（保险 + 管理 + 医学）、四种素质（诚于为人 + 善于研学 + 能于治事 + 精于管理）、五大技术（营销、核保、理赔、精算、管理的医疗保险技术/办公、人事、医政、病案、收费的医院管理技术）、六项能力（人样子、狗鼻子、脑瓜子、嘴皮子、笔杆子、泥腿子）、七本证书（毕业证书 + 学位证书 + 英语证书 + 电脑证书 + 荣誉证书 + 职业证书 + 职称证书）、八个文艺（一首歌、一支舞、一幅字、一种乐、一个球、一杯酒、一顿饭、一盆花）。

2. 专业教学质量保障体系建设的主要成效

通过改革，我校医疗保险专业为社会培养了一批既有深厚理论知识又有丰富实践技能、既有基本医学知识又有扎实保险技能、既有社会科学定性研究能力又有自然科学定量分析技能的复合型、交叉型、融合型医疗保险人才。目前，我校医疗保险专业毕业生人数达 420 人，就业率达 95%。医疗保险专业毕业生中 52% 在医院从事行政工作，很多人已经成长为中层干部，为推进医院管理的职业化管理做出了贡献；24% 在医保部门和保险公司从事业务工作，很多人已经成长为技术骨干，为推进医保经办的专业化管理做出了贡献。

七、毕业生培养质量的跟踪调查结果和外部评价

对毕业生跟踪调查显示：（1）毕业生对工作岗位评价高。毕业生的月收入在6200元，高于本校平均收入线；就职岗位与所学专业的相关度为95.58%，基本实现了"学以致用"的目标；所做工作与职业期待的吻合度为87.54%，基本实现了"干我所爱"的目标；毕业生对目前工作的满意度高达83.64%，对工作岗位有胜任力，均认为工作岗位有发展潜力；毕业生总体协议履约率高达87.05%，离职率仅为8.21%，毕业生工作稳定性较强。（2）用人单位对毕业生满意度高，尤其在思想政治素养评价、专业素质评价、心理素质评价、基本能力评价、综合能力评价方面表现突出，其中，对职业能力满意度、专业素质满意度、职业道德素养满意度依次为98.56%、98.89%、100%。

八、下一步推进专业建设和改革的主要思路及举措

1. 主要思路

人才培养静态上是一个三体结构，动态上是一个三维路径。三体结构要求医疗保险专业的建设和发展必须形成人才培养、学科建设和科学研究的良性互动机制。三维路径要求医疗保险专业的人才培养必须采取"主体—过程—结果"的系统化、连续性教育模式，在主体上重视办学主体的治理协同和教育资源的优化配置，在过程上重视"用以致学"的理论教学和"学以致用"的实践教学，在结果上重视教育改革深化和培养质量升级。

2. 具体举措

我校以新文科建设为导向，以新教改推进为途径，以新质量保障为目标，按照人才培养的三体结构和三维结构实施医疗保险专业"一体两翼八足"的教育模式。其中，人才培养是"体"，学科建设是"左翼"，科学研究是"右翼"，在人才培养下有"八足"：以专业建设为依托，以协同育人为机制，以课程体系为载体，以名师名家

为灵魂，以师资队伍为关键，以实践教学为立足，以教育改革为动力，以教育质量为生命。

撰稿人：
赵　云　右江民族医学院公共卫生与管理学院专业负责人
庞庆泉　右江民族医学院公共卫生与管理学院教师
石　龙　右江民族医学院公共卫生与管理学院教师
莫玉芳　右江民族医学院公共卫生与管理学院教师

附录 1

医疗保险相关专业负责人调查问卷

尊敬的专业负责人：您好！

我们课题组正在开展"医疗保险专业设置和培育模式"课题的调研工作。我们设置了本调查问卷。课题研究旨在全面了解和分析我国目前高等院校医疗保险专业建设情况，顺应新时代我国医药卫生体制改革的实践需求，建立统一规范的医疗保险专业设置方案。

请您根据提纲填写贵校办学相关情况。我们承诺，所有资料仅作科学研究之用，不作他用。请于 8 月 20 日前返回邮箱（1000004932@ujs.edu.cn，许兴龙老师）。谢谢您的配合！

江苏大学医疗保险与公共政策研究中心
2020 年 6 月 20 日

一、本科生教育

（一）贵校医疗保险或相关专业基本情况

1. 您所在的高校名称：_____

2. 您所在专业的办学层次：

A. 具备学士学位授权点

B. 具备硕士学位授权点

C. 具备博士学位授权点

3. 您所在专业目前是（多选）：

A. 国家一流本科专业

B. 省级一流本科专业

C. 校级一流本科专业

D. 都不是

4. 您所在专业已获批国家级一流本科课程有（若没有，填"无"）_____，或省级一流本科课程（若没有，填"无"）_____。

5. 总的来看，您觉得该专业的发展前景是否乐观？

A. 很乐观

B. 乐观

C. 一般或难以评价

D. 不太乐观

E. 很不乐观

（二）招生情况

专业名称：_____，开办年份_____

学制_____年，授予_____学位

每年招生规模（人）：2020 年_____（人）、2019 年_____（人）、2018 年_____（人）

生源来源（全国、省内）_____，志愿（第一志愿占比%）_____

生源批次（本一、本二）_____，招生要求（文、理科）_____

（三）人才培养情况

毕业学生数（人）：2020 年_____（人）、2019 年_____（人）、2018 年_____（人）

毕业生就业率（%）：2020 年_____（%）、2019 年_____（%）、2018 年_____（%）

就业去向（由多到少排列）_____、_____、_____

（四）专业实习情况

专业实习单位（医保局、医院、其他）_____、

_____、_____

所占学时/学分数_____

（五）实验教学情况

实验室名称_____、_____

教学软件名称_____、_____、

_____

二、硕士研究生教育（若无，则不填）

（一）贵校医疗保险或相关专业研究生教育基本情况

专业名称_____　　开办年份_____

专业学制_____　　授予学位类别_____

（二）招生情况

每年招生规模（人）2020年____、2019年____、2018年____

志愿情况（第一志愿占比%）_____

初试科目（专业课）_____、_____

复试科目_____

（三）近3年贵校医疗保险专业研究生培养情况

毕业学生数（人）2020年____、2019年____、2018年____

毕业生就业率（%）2020年____、2019年____、2018年____

就业去向（由多到少排列）_____、_____、

_____、_____

您对医疗保险专业设置和师资队伍建设还有哪些建议？

_____

（另：请提供本科、研究生专业培养方案）

再次感谢您的支持！

附录 2

医疗保险专业人才社会需求调查问卷

尊敬的女士/先生：

    您好！我们课题组正在开展"医疗保险专业人才社会需求"调研工作。课题研究旨在全面了解和分析我国目前高等院校医疗保险专业人才培养及其社会需求状况，进而顺应医疗保障体系建设与改革的需要，不断完善和发展我国的医疗保险专业。我们承诺，您的回答仅作科学研究之用，您提供的任何信息我们都将严格保密，请您如实、放心填写。请于 10 月 1 日前返回邮箱（38170023@qq.com，陈羲老师）。谢谢您的配合！

江苏大学医疗保险与公共政策研究中心
2021 年 8 月 30 日

一、个人基本信息（请勾选您的答案）

1. 您的性别

A. 男   B. 女

2. 您的年龄（周岁）

A. 30 岁及以下   B. 31~40 岁

C. 41~50 岁   D. 51 岁及以上

3. 您的最高学历是：

A. 大专及以下   B. 本科

C. 硕士   D. 博士

4. 您所毕业的第一学历专业名称（请填写全称）：_____

您所毕业的硕士（博士）研究生学科及研究方向名称（请填写全称，没有可不填）：

_____

5. 您从事医疗保障相关行业的工作年限：

A. 5 年及以下　　　　B. 6～10 年

C. 11～20 年　　　　D. 20 年及以上

6. 您所在单位的类型：

A. 医疗保障管理部门

B. 医疗机构医保部门

C. 商业健康保险公司

D. 其他

7. 如您在政府的医疗保障管理部门工作（没有请跳至第 10 题），您现在的职级是：

A. 科员　　　　　B. 副科级　　　　　C. 正科级

D. 副处级　　　　E. 正处级及以上

8. 如您在医疗机构等事业单位工作（没有请跳至第 10 题），您现在的职称是：

A. 初级　　　　　B. 中级

C. 副高级　　　　D. 正高级

9. 如您在健康保险公司等企业工作（没有请跳至第 10 题），您现在的职级是：

A. 普通员工　　　　B. 部门主管　　　　C. 高级管理人员

二、医疗保险人才需求信息

10. 您认为本单位医疗保障相关工作人员配置数量能否充分满足业务需求？

A. 非常充分　　　　B. 较为充分　　　　C. 一般

D. 较不充分　　　　E. 非常不足

11. 您认为本单位医疗保障相关工作人员的专业背景如何？

A. 全部来自医保相关专业

B. 大部分来自医保相关专业

C. 一半左右来自医保相关专业

D. 大部分与医保专业无关

E. 几乎都与医保专业无关

12. 据您了解，本单位从外部招聘医疗保险人才的渠道主要是？

A. 高校毕业生招聘　　B. 面向社会招聘　　　C. 其他单位调入

13. 您认为本单位招聘的医疗保险相关专业毕业生的总体岗位适应能力如何？

A. 非常强　　　　　　B. 较强　　　　　　　C. 一般

D. 较差　　　　　　　E. 非常差

14. 您认为从全国范围来看，当前对医疗保险专业人才的社会需求状况如何？

A. 社会需求不断增长

B. 社会需求保持平稳

C. 社会需求有所降低

三、医疗保险专业人才培养信息

15. 您认为当前我国高校医疗保险相关专业人才培养规模如何？

A. 不能满足社会需求

B. 基本适应社会需求

C. 数量超过社会需求

16. 您认为有无必要独立设置医疗保险本科专业？

A. 非常有必要，需要加强专业对口人才培养

B. 一般，无所谓

C. 不必要，其他专业也可从事相关工作

17. 您所在单位招聘医疗保险人才时，更为看重的是？

A. 毕业生所在学校的社会声誉，如是否为双一流院校

B. 毕业生所在专业在业内的影响力，如是否为双一流专业

C. 毕业生本人能力和素质

D. 其他，请说明_____

18. 您认为高校的医疗保险专业人才培养应强调哪些领域？

A. 加强理论基础，培养分析问题的研究能力

B. 注重实践技能，培养解决问题的动手操作能力

C. 培养人际交往等社会适应能力

D. 其他，请说明_____

19. 请您结合实际工作的需要，对下列课程模块在医疗保险专业基础课程设置中的必要性进行评价，请在 1～5 分之间赋值，分值越高，则必要性越强。

得分	1	2	3	4	5
医学类课程					
经济学类课程					
管理学类课程					
社会学类课程					
保险学类课程					

20. 请您结合实际工作的需要，对下列模块在医疗保险专业课程设置中的必要性进行评价，请在 1～5 分之间赋值，分值越高，则必要性越强。

得分	1	2	3	4	5
卫生政策与管理类课程					
社会医疗保险类课程					
商业健康保险类课程					

21. 请您结合实际工作的需要，对下列医疗保险专业课程设置的必要性进行评价，请在 1 ~ 5 分之间赋值，分值越高，则课程开设的必要性越强。

得分	1	2	3	4	5
卫生经济学					
卫生事业管理学					
卫生政策学					
卫生法学					
卫生监督学					
医院管理学					
药物经济学					
社会保险学					
医疗保险学					
医疗保险统计学					
医疗保险基金管理					
医疗保险支付方式					
医疗保险国际比较					
健康保险学					
健康保险营销学					
健康保险法律制度					
健康保险市场调查与预测					
健康保险核保与理赔					

22. 除上题所列举的医疗保险专业课程外，您认为还有必要开设哪些专业课程？

_____

_____

23. 您对医疗保险人才培养和专业建设，还有哪些建议？

_____

_____

再次感谢您的支持！

参 考 文 献

[1] 方立亿，柳伟华，唐建华，等．社会医疗保险实务专业人才培养目标及培养路径实证研究 [J]．中国卫生事业管理，2013 (8)：618 –619.

[2] 顾希垚，林秀娟．构建高校毕业生就业质量评价体系探析 [J]．思想理论教育，2021 (7)：108 –111.

[3] 胡忠培，王少，李伟，等．公共事业管理专业大学生的就业预期与现状分析 [J]．中国卫生事业管理，2010 (2)：115 –118.

[4] 李绍华，李守田．加快医疗保险专业人才培养 适应医疗保障制度改革 [J]．中国卫生经济，1998 (9)：54 –55.

[5] 李珍，刘小青，王超群．关于"十四五"期间推进医疗保障治理现代化的思考 [J]．中国医疗保险，2020 (11)：11 –15.

[6] 刘国买，谭轶群．基于提高就业能力的实践教学综合改革 [J]．中国大学教学，2010 (12)：68 –70.

[7] 马蔚姝，博昭，王玉君．医疗保险人才就业状况及相关影响因素分析——以天津中医药大学劳动与社会保障专业为例 [J]．理论与现代化，2014 (6)：74 –78.

[8] 汤质如，李绍华，龚玉洁，等．医疗保险专业本科教育差异化现状与发展策略研究 [J]．中国卫生事业管理，2019 (6)：456 –458.

[9] 王建华．关于一流本科专业建设的思考——兼评"双万计

划"［J］. 重庆高教研究, 2019 (4)：122 – 128.

［10］王杨. 新时代应用型高校的建设困境与发展方向［J］. 社会科学战线, 2021 (12)：266 – 270.

［11］吴岩. 持续深化"四新"建设, 走好人才自主培养之路［J］. 教育家, 2022 (22)：1.

［12］习近平. 在北京大学师生座谈会上的讲话［N］. 人民日报, 2018 – 05 – 03 (2).

［13］谢雯, 宗晓华, 王运来, 等. 新时代本科专业评估：逻辑理路、应用探索与发展趋向［J］. 中国考试, 2021 (11)：1 – 9.

［14］詹长春, 周绿林, 王忠. 以社会需求为导向, 积极完善医疗保险专业人才培养方案［J］. 中国卫生事业管理, 2007 (6)：405 – 406.

［15］张互桂. 提升大学生就业力：高校人才培养的核心要义［J］. 湖南社会科学, 2010 (3)：173 – 175.

［16］赵云. 医科院校公共事业管理专业归属学院的发展战略——基于复旦大学公共卫生学院的研究［J］. 中国卫生事业管理, 2021 (6)：444 – 449.

［17］郑功成. 奋力实现"十四五"时期医保制度基本成熟［J］. 中国医疗保险, 2021 (3)：10 – 12.

［18］郑先平, 刘雅, 袁杰. 对我国医疗保险专业高等教育发展的思考［J］. 中国卫生事业管理, 2011 (9)：705 – 708.

［19］周绿林, 君荣, 詹长春. 论医疗保险专业人才的培养［J］. 中国卫生经济, 2001 (11)：36 – 37.

［20］周绿林, 李绍华. 医疗保险学 (第3版)［M］. 北京：科学出版社, 2016.

［21］Barth M, Godemann J, Rieckmann M et al. Developing key competencies for sustainable development in higher education［J］. International Journal of Sustainability in Higher Education, 2007 (8)：416 – 441.

[22] Kann L, Telljohann S S. Health education: results from the school health policies and programs study 2006 [J]. Journal of School Health, 2007 (8): 408 - 434.

[23] Marie Jedemark, Mikael Londos. Four different assessment practices: how university teachers handle the field of tension between professional responsibility and professional accountability [J]. Higher Education, 2020.

[24] Pommier J, Jourdan D, Berger D et al. School health promotion: organization of services and roles of health professionals in seven European countries [J]. European Journal of Public Health, 2010 (2): 182 - 188.

[25] Shirley V, Stephen M. Transforming US higher education to support sustainability science for a resilient future: the influence of institutional administrative organization [J]. Environment Development and Sustainability, 2015 (17): 341 - 363.

[26] Sterling S. Sustainable education: re-visioning learning and change schumacher briefings [C]. Green Books, Bristol, 2001 (6).

[27] Wiek A, Withycombe L, Redman C L. Key competencies in sus-tainability: a reference framework for academic program develop-ment [J]. Sustainability Science, 2011 (6): 203 - 218.